일러두기
- 본문에 나오는 상품의 수치들은 어린이가 계산하기 쉽도록 작은 수치로 잡았기 때문에 실제 물건의 사이즈, 수치, 용량과 정확히 일치하지 않을 수 있습니다.
- 어린이의 이해를 돕기 위해 초등학교 수준의 난이도에서 벗어나는 부분은 수학적 계산을 생략하였으며, 물건의 형태와 수치를 단순화하여 쉽게 계산할 수 있도록 했습니다.

편의점을 털어라! 수학편

정경원 글 · 박우희 그림

북멘토

작가의 말

여러분은 '수학' 하면 어떤 느낌이 드나요? 혹시 지겹고 어렵다는 느낌이 드나요? 수학이라고 하면 고개부터 절레절레하는 친구들을 선생님은 많이 봤어요. 그래서 어떻게 하면 어린이들이 수학을 재미있게 배울 수 있을까 하고 고민하곤 했지요. 그러던 어느 날, 동네 편의점의 파라솔 의자에 모여 앉아 컵라면을 먹는 아이들을 봤어요.

"우리 셋이 구매한 라면 세 개가 하나에 1,500원인 라면을 2+1행사를 한 거니까, 한 사람당 돈을 얼마씩 내면 될까?"

아이들은 라면값을 나눠 내기 위해 머리를 맞대고 자연스럽게 각자 비용을 계산하고 있었어요. 계산하는 것을 전혀 어려워하지도 않고 오히려 재밌다는 듯이 게임하듯 서로 계산하는 아이들 모습에 문득 한 가지 생각이 떠올랐어요. '편의점에서 수학을 찾아보면 어떨까?'

흔히 편의점에서 찾을 수 있는 수학 개념은 물건을 사거나 거스름돈을 계산하는 과정이 전부라고 생각할 수도 있어요. 하지만 그렇지 않아요. 맛있는 컵라면에서부터 냉동 피자, 음료, 편의점 택배 서비스에 이르기까지 편의점이라는 공간 곳곳에 수학이 숨어 있어요. 우리는 너무 당연하게 편의점을 드나들면서도 그 안에 얼마나 많은 수학이 숨어 있는지 깨닫지 못하고 있는 것뿐이에요.

지금 편의점 안에 들어섰다고 상상해 보세요. 편의점 문을 열고 들어가자마자 냉장고로 직진해서 삼각 김밥을 하나 집어 들어요. 그런데 삼각 김밥은 왜 사각형도 원형도 아닌 삼각형 모양인지 생각해 본 적이 있나요? 이 책《편의점을 털어라! 수학편》에서는 주인공 보리와 쌀이 남매가 삼각 김밥이 왜 삼각형인지 그 비밀을 파헤쳐요.

《편의점을 털어라! 수학편》은 주인공들이 편의점 게임에서 탈출하기 위해 수학 지식으로 퀘스트를 푸는 과정이 흥미진진하게 펼쳐져요. 그동안 수학이 재미없다고 생각한 어린이가 있다면 책장을 펼쳐 수학 게임을 시작해 보세요. 책을 읽으면서 편의점에서 일어나는 여러 가지 문제 상황과 퀘스트를 주인공들과 함께 신나게 해결하다 보면, 편의점이라는 공간 곳곳에 숨겨진 흥미로운 수학 이야기를 발견할 수 있어요. 퀘스트를 풀며 자연스럽게 수학 개념을 익히고 문제 해결 방법을 깨닫는 경험을 하게 되면 자기도 모르게 수학 박사가 되어 있을 거예요.

정경원

차례

작가의 말 4
프롤로그 미스터리 편의점의 수상한 메시지 11

첫 번째 완벽한 주먹밥을 찾아라!

삼각형 17

편의점 속 개념 수학 삼각형에 대해 알아볼까? 24
편의점 속 수학 돋보기 삼각 김밥은 왜 삼각형일까? 26
재미있는 수학 이야기 삼각형을 사랑한 탈레스 28
삼각형의 TMI 31

두 번째 치즈로 각도기를 만들어라!

각도 33

편의점 속 개념 수학 각에 대해 알아볼까? 43
편의점 속 수학 돋보기 물건이 잘 팔리는 각도가 있다고? 45
재미있는 수학 이야기 셀카의 생명, 각도! 47
각도의 TMI 49

세 번째 가장 큰 초콜릿을 골라라!

넓이 51

편의점 속 개념 수학 넓이에 대해 알아볼까? 62
편의점 속 수학 돋보기 좁은 편의점의 비밀 64
재미있는 수학 이야기 '평'을 사용하면 벌금을 낸다고? 66
넓이의 TMI 67

네 번째 도넛과 함께 사라진 첫사랑

원 69

편의점 속 개념 수학 원에 대해 알아볼까? 80
편의점 속 수학 돋보기 피자는 왜 동그란 모양일까? 82
재미있는 수학 이야기 원 때문에 죽임을 당한 아르키메데스 83
원의 TMI 85

다섯 번째 소비 기한이 지난 햄버거를 찾아라!

시간  87

편의점 속 개념 수학 시간에 대해 알아볼까? 98
편의점 속 수학 돋보기 유통 기한과 소비 기한 100
재미있는 수학 이야기 지구 종말까지 얼마나 남았을까? 102
시간의 TMI 105

여섯 번째 변덕쟁이 손님의 택배 보내기

무게  107

편의점 속 개념 수학 무게에 대해 알아볼까? 117
편의점 속 수학 돋보기 라면이 이렇게 짜다고? 119
재미있는 수학 이야기 영혼에도 무게가 있을까? 120
무게의 TMI 122

일곱 번째 과대 포장 과자를 찾아라!

부피  125

편의점 속 개념 수학 부피에 대해 알아볼까? 134
편의점 속 수학 돋보기 봉지 과자의 비밀 136
재미있는 수학 이야기 두루마리 휴지의 눈속임 138
부피의 TMI 140

여덟 번째   쌀이의 도플갱어

합동과 대칭 143

편의점 속 개념 수학   합동과 대칭에 대해 알아볼까?   156
편의점 속 수학 돋보기   반으로 나눠 먹는 아이스크림   158
재미있는 수학 이야기   두 얼굴의 글자, 앰비그램   159
합동과 대칭의 TMI   161

아홉 번째   묶음 상품을 포장하라!

겉넓이 163

편의점 속 개념 수학   겉넓이에 대해 알아볼까?   177
편의점 속 수학 돋보기   음료수 캔이 원기둥인 이유는?   180
재미있는 수학 이야기   사람의 겉넓이도 구할 수 있을까?   182
겉넓이의 TMI   184

에필로그   편의점 게임 탈출 성공!   187

보리는 얼굴이 터질 것 같았다. 양 볼과 귀가 새빨갛게 변한 데다가 정수리 쪽은 김마저 솔솔 날 것같이 뜨거웠다. 다음 달 수학 경시 대회 준비를 하느라 한 시간 째 수학 문제만 풀었기 때문이다.

"단 게 필요해!"

보리는 달콤한 간식을 찾아 서랍을 뒤적거렸다. 하지만 서랍은 텅 비어 있었다. 보리는 힘없이 방바닥에 축 누워 버렸다. 그때 방문이 열리면서 동생 쌀이가 들어왔다.

"누나, 뭐 해? 나랑 편의점 가자."

"돈 없어."

보리 뒤에 쌓인 수학 문제집을 힐끗 보며 쌀이가 말했다.

"나한테 3,000원짜리 편의점 쿠폰 있어."

"진짜?"

편의점 쿠폰이라는 말에 보리는 벌떡 일어났다. 보리는 편의점을 정말 사랑했다. 보리에게 편의점은 세상의 맛난 것은 다 모아 놓은 보물 창고 같은 곳이어서 용돈이 생기면 무조건 편의점으로 달려갔다. 이번 달에도 편의점에서 라면, 과자, 음료수 등 군것질거리를 사느라 한 달 용돈을 일주일 만에 다 써 버린 상태였다.

보리와 쌀이는 신나게 집 근처 상점가로 향했다. 그 길은 등굣길이어서 둘은 근처 가게를 훤히 꿰뚫고 있었다. 그런데 떡볶이 가게 옆 골목 안쪽으로 못 보던 편의점이 눈에 띄었다.

"쌀이야, 저기에 편의점이 원래 있었어?"

"어? 나도 처음 봐. 어제 여기 지나갈 때만 해도 없었는데."

"그럼 오늘 새로 열었나 봐. 가 보자!"

둘은 신이 나서 편의점으로 달려갔다. 가게 안은 여느 편의점과 다를 바 없었다. 그런데 과자 가격이 좀 이상했다. 보통 1,000원, 2,000원 하는 과자가 이 편의점에서는 10원, 20원이었다.

"우아! 누나, 여기 엄청나게 싸!"

"대박이다. 그럼 3,000원 쿠폰으로 잔뜩 살 수 있겠다!"

보리와 쌀이는 이것저것 물건을 집어 들고 계산대로 갔다.

"어라? 계산하는 사람이 없어, 누나."

"화장실 갔겠지. 기다리자."

한참을 기다렸지만 아무도 들어오지 않자 보리가 벌떡 일어났다.

"쌀이야, 그냥 다른 편의점 가자."

보리와 쌀이가 고른 과자들을 내려놓고 편의점을 나서려는데, 문

이 열리지 않았다. 자세히 살펴보니 편의점 문고리에 특이한 자물쇠가 걸려 있었다.

"누나, 문에 이상한 자물쇠가 걸려 있어."

"우리가 있는 동안 아무도 안 왔는데 누가 잠궜지?"

그때 휴대 전화에서 띠링 하고 문자 메시지가 왔다.

> **미스터리 편의점에 오신 것을 환영합니다.**
>
> 당신들은 편의점에 갇혔습니다. 퀘스트를 풀어 얻은 아이템으로 자물쇠를 완성해야 밖으로 나갈 수 있습니다.

"누가 이런 장난을 치는 걸까?"

"누나, 이거 내가 하던 MS 수학 편의점 게임에서 본 문자야. 그 게임도 편의점에서 퀘스트를 해결해야 밖으로 나갈 수 있어."

"뭐? 그럼 우리가 지금 게임에 갇힌 건가?"

"아무래도 그런 것 같아. 사실 이 편의점 쿠폰도 MS 편의점 게임을 하다가 받았거든……."

말끝을 흐리는 쌀이의 말에 보리가 소리쳤다.

"말도 안 돼! 이게 게임이라고? 난 나갈 거야!"

보리가 편의점 문을 세차게 잡아당기는 순간 몸이 튕겨 나갔다.

"누나! 괜찮아?"

쌀이가 주저앉은 보리를 일으키는데 메시지 알림이 또 울렸다.

퀘스트를 풀어 자물쇠 퍼즐을 완성하지 않으면 편의점 문이 열리지 않습니다. 게임 시작 버튼을 눌러 퀘스트를 수행하세요.

"누나, 아무래도 게임을 해야 밖으로 나갈 수 있을 것 같아."

"게임을 하자고? 하지만 난 이 게임이 뭔지도 몰라."

보리가 머뭇거리자 쌀이가 자신만만한 표정으로 말했다.

"MS 편의점 게임은 미션이 수학 문제야. 누나는 경시대회도 나갈 정도로 수학을 잘하잖아! 난 이 게임을 많이 해 봤으니까, 우리가 힘을 합치면 퀘스트를 해결할 수 있을 거야!"

쌀이의 말에 보리는 무언가 결심한 듯 비장하게 말했다.

"알았어. 자, 그럼 게임을 시작해 볼까?"

쌀이와 보리는 시작 버튼을 눌렀다.

！ 퀘스트 삼각형

다음 조건에 해당하는 완벽한 주먹밥을 찾으세요.

1. 어느 면으로 세워도 진열할 수 있을 것

2. 힘을 받아도 모양이 망가지지 않을 것

◆ 움직임 잠금 해제 : 주먹밥 판매대

쌀이와 보리가 시작 버튼을 누르자마자 퀘스트가 메시지로 도착하더니, 진열장 한곳에 아주 밝은 불이 켜졌다.

"누나, 퀘스트를 풀어야 할 코너에 저렇게 불이 들어와. 저기에서만 문제를 풀어야 해. 얼른 가자!"

보리와 쌀이는 불이 들어온 곳으로 갔다. 그곳은 여러 가지 주먹밥이 진열되어 있었다.

"쌀이야, 퀘스트에 나온 조건들을 한번 봐."

"첫 번째 조건은 어느 면으로 세워도 진열할 수 있어야 한다는 거야. 그럼 겉이 평평해야겠네."

"원형 주먹밥은 눕혀서 쌓으면 되지만, 세워서 쌓기는 힘들어. 그러니까 어느 방향으로 세워도 진열할 수는 없네."

"맞아, 누나! 반원 주먹밥은 밑부분이 평평한 쪽으로는 세울 수 있지만 둥근 쪽으로는 세울 수가 없어!"

"아하! 좋아 그럼 원형 주먹밥이랑 반원 주먹밥은 빼자."

사각 주먹밥과 삼각 주먹밥이 남았다. 쌀이가 머리를 갸우뚱거렸다.

"누나 근데 두 번째 조건에, 힘을 받아도 모양이 망가지지 않는다는 건 무슨 말일까? 엄청 튼튼하다는 뜻인가?"

"튼튼하다면…… 트러스 구조를 말하는 건가?"

"트러스 구조?"

"너, 에펠 탑이 무슨 모양이었는지 기억나?"

"에펠 탑은 삼각형 모양이잖아. 근데 그게 왜?"

"맞아! 에펠 탑은 삼각형 모양으로 만들어졌어. 그 이유가 바로 삼각형이 가장 튼튼한 도형이기 때문이야. 이런 삼각형 모양으로 건축물을 쌓는 기법을 트러스 구조라고 해."

보리의 설명에 쌀이가 눈을 동그랗게 떴다.

"이해가 안 돼."

보리는 계산대로 달려가서 나무젓가락과 고무줄을 이용해 정사각형 모양과 정삼각형 모양을 만들었다.

"자, 내가 이걸 손가락으로 눌러 볼게. 잘 봐."

보리가 손가락으로 나무젓가락으로 만든 정사각형을 눌렀다.

"정사각형 모양이 찌그러졌어."

"사각형은 위에서 힘을 가하면 그 힘이 물체에 골고루 분산되지 않아서 모양이 찌그러져. 이번에는 삼각형을 한번 눌러 봐."

나무젓가락으로 만든 정삼각형을 쌀이가 위에서 눌렀다.

"와, 삼각형은 모양이 변하지 않네."

"삼각형은 꼭짓점에서 힘을 받으면, 들어오는 힘에 저항하려는 힘인 압축력이 하중을 양쪽으로 균등하게 분산하기 때문에 버티려

는 힘인 인장력이 균형을 이룰 수 있어. 그래서 삼각형은 모양이 잘 변하지 않아. 이런 삼각형의 특징을 이용한 것이 바로 트러스 구조야."

쌀이가 보리의 말을 듣고 눈빛을 반짝였다.

"아하! 누나, 그러면 사각 주먹밥은 위로 쌓으면 모양이 찌그러지지만, 삼각 주먹밥은 위로 쌓아도 모양이 변하지 않겠네!"

"그럼 세 조건에 만족하는 주먹밥은 바로 삼각 주먹밥이야!"

보리와 쌀이는 삼각 주먹밥을 들고 계산대로 가서 바코드를 찍었다. 빠밤 소리와 함께 휴대 전화 메시지 알림이 울렸다.

> **퀘스트 성공!**
>
> 삼각형 아이템과 10포인트를 얻었습니다.

잠시 뒤 문에 걸려 있던 자물쇠의 삼각형 부분 조각에 색이 들어왔다.

"쌀아, 우리가 퀘스트 해결한 거 맞지?"

"응, 맞아 누나! 이렇게 나머지 여덟 개 아이템을 더 채우면 될 것 같아. 간단한데?"

신이 난 쌀이의 대답에 보리는 안심했다.

"그래, 얼른 자물쇠를 완성해서 집으로 돌아가자!"

"좋았어!"

편의점 속
개념 수학

삼각형에 대해 알아볼까?

평면 도형 중에서 세 개의 선분으로 둘러싸인 평면 도형을 '삼각형'이라고 불러. 각이 세 개 있는 도형이라서 삼각형이기도 해.

삼각형도 종류가 여러 가지야. 변의 길이에 따라 정삼각형, 이등변 삼각형, 부등변 삼각형으로 나눌 수 있어. 정삼각형은 세 변의 길이가 모두 같고, 이등변 삼각형은 두 변의 길이가 같은 삼각형이야. 부등변 삼각형은 세 변의 길이가 모두 다른 삼각형이지.

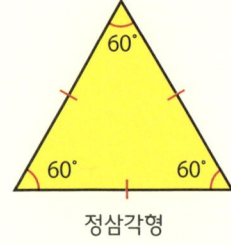
정삼각형

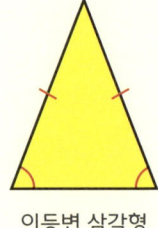
이등변 삼각형

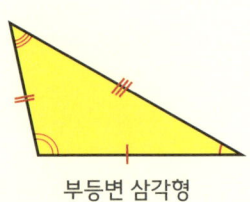
부등변 삼각형

각의 크기에 따라서도 종류를 나눌 수 있어. 삼각형의 세 각 중 한 각이 90°인 삼각형을 직각 삼각형이라고 해. 한 각이 90°보다 크고 180°보다 작은 크기의 각을 지닌 삼각형은 둔각 삼각형이야. 예각 삼각형은 세 각이 모두 0°보다 크고 90°보다 작은 삼각형이지.

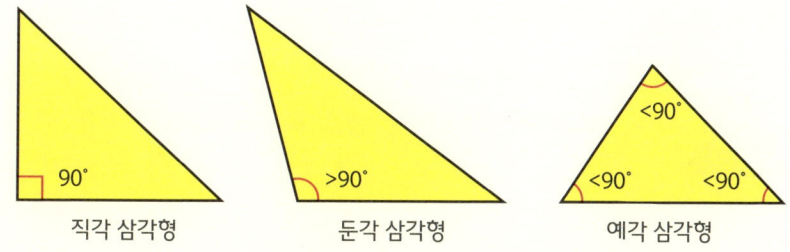

직각 삼각형　　둔각 삼각형　　예각 삼각형

네 개의 각과 네 개의 선분으로 이루어진 도형은 사각형이라고 해. 그렇다면 다섯 개의 각과 다섯 개의 선분으로 이루어진 도형은 오각형, 여섯 개의 각과 여섯 개의 선분으로 된 도형은 육각형이라고 할 수 있겠지? 이렇게 세 개 이상의 각과 선분으로 만들어진 도형을 아울러서 다각형이라고 해. 원은 선분(두 점을 잇는 직선)으로 이루어지지 않았기 때문에 다각형이 아니야. 또 완전히 둘러싸이지 않고 벌어져 있는 것도 다각형이 될 수 없어.

삼각형은 규칙이 하나 있어. 세 각의 합은 무조건 180°라는 거야. 삼각형의 이런 성질을 알면 사각형의 네 각 크기의 합도 구할 수 있어. 옆의 그림을 보면, 네 개의 선분으로 이루어진 사각형은 삼각형 두 개로 나눌 수 있어. 이렇게 두 개로 나누어진 삼각형의 두 각 크기를 합하면, 사각형의 한 각이 되겠지? 따라서 사각형의 네 각 크기의 합은 180°×2 해서 360°인 거야.

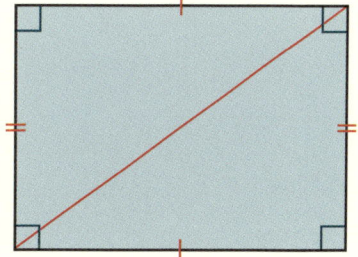

편의점 속 수학 돋보기

삼각 김밥은 왜 삼각형일까?

편의점에서 판매하는 삼각 김밥은 먹기도 간편하고 맛있어서 많은 사람이 즐겨 먹는 식품이야. 그런데 왜 다른 도형도 아니고 삼각형 모양으로 김밥을 만들었을까? 그 이유는 바로 같은 양의 밥으로 주먹밥을 만들었을 때 삼각형 모양이 눈으로 보기에 가장 커 보이고 운송이나 진열할 때도 매우 효율적이기 때문이야.

편의점으로 김밥을 운반하는 트럭이 있다고 생각해 봐. 짐칸을 김밥으로 가득 채운다고 할 때 만약 원 모양 주먹밥이라면 어떨까? 둥근 모서리 때문에 물건을 빈틈없이 높게 쌓기 어려워. 하지만 삼각 김밥은 모양이 망가지지 않게 많이 쌓을 수 있어. 꼭짓점에서 받는 힘이 양쪽으로 분산되기 때문에 힘을 받아도 형태를 유지할 수 있거든. 삼각 김밥은 세 변의 길이가 같아서 어떻게 세워도 같은 모양이 되니까 진열하기에도 좋지! 사각 모양 김밥이나 둥근 모양 김밥도 어느 쪽으로 세워도 같은 모양이 되긴 하지만 위로 많이 쌓으면 모양이 찌그러질 수 있어.

무엇보다 삼각 김밥은 먹을 때도 편리해. 삼각 김밥의 꼭짓점 부분은 입에 닿는 면적이 작아서 베어 물었을 때 입에 묻히지 않고 먹을 수 있거든. 하지만 원 모양 김밥은 어느 쪽을 베어 물어도 입을 크게 벌려 먹어야 해서 입가에 밥풀이 묻기가 쉬워. 이런 점들 때문에 삼각 김밥이 편의점에서 우리가 즐겨 먹는 식품이 된 거야.

재미있는 수학 이야기

삼각형을 사랑한 탈레스

삼각형과 관련된 유명한 역사적 인물이 있어. 바로 고대 그리스의 철학자이자 과학자인 탈레스(기원전 624년?~기원전 545년?)야.

이집트의 파라오였던 아마시스는 피라미드의 높이가 무척 궁금했어. 높이를 재려 했지만 번번이 실패한 아마시스는 그리스의 이름난 수학자였던 탈레스가 이집트로 여행을 왔다는 소문을 듣고 그에게 피라미드의 높이를 알아내라고 명령했어. 탈레스는 주변에서 막대기 하나를 구해 온 뒤 이렇게 말했지!

"제가 이 막대기로 피라미드 높이를 구해 보겠습니다."

"겨우 막대기 하나로 피라미드 높이를 잰다고?"

다들 탈레스의 말을 믿지 않았어. 탈레스는 웅장한 피라미드 근처로 다가가 막대기를 땅에 꽂고 가끔 머리 위의 태양을 쳐다보았어. 그러고는 한동안 아무것도 하지 않고 가만히 서 있었지. 사람들은 탈레스를 비웃었지만 탈레스는 아랑곳하지 않고 진득이 기다렸어.

얼마쯤 시간이 흐른 뒤 막대기와 막대기 그림자가 수직인 것을 확인한 탈레스는 막대 그림자의 길이를 쟀어. 그리고 왕에게 말했지.

"피라미드 높이를 구했습니다."
탈레스는 어떻게 작은 막대기 하나로 피라미드 높이를 구할 수 있었을까?

피라미드 높이

막대 1m
그림자 1.2m

175m

비밀은 닮은꼴에 있어. 태양 빛은 아주 멀리서 출발해 지구에 도착하기 때문에 그 거리에 비하면 피라미드와 막대 사이 거리는 없는 것과 같고, 그 위에 쏟아지는 햇빛의 각도도 마찬가지로 거의 차이가 없어. 따라서 태양 빛이 지구에 수직으로 평행하게 들어온다고 가정하면 막대기와 막대 그림자, 피라미드와 피라미드 그림자로 닮은꼴인 두 직각 삼각형을 상상해 볼 수 있어. 그러면 비례식을 이용해 피라미드의 높이를 잴 수 있지. 예를 들어 1m 길이 막대의 그림자 길이가 1.2m이고, 피라미드의 그림자 길이가 175m일 때 비례식을 이용하면 1m(막대 길이) : 1.2m(막대 그림자 길이) = 피라미드 높이(?) : 175m(피라미드 그림자 길이), 즉 175÷1.2=1750÷12=약 146으로 탈레스가 계산한 피라미드 높이는 대략 146m야. 어때, 신기하지?

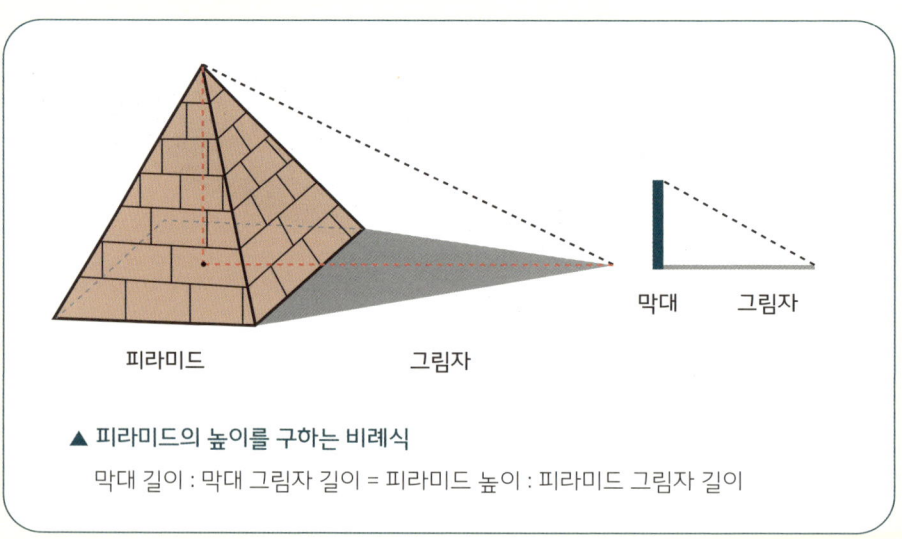

▲ 피라미드의 높이를 구하는 비례식
막대 길이 : 막대 그림자 길이 = 피라미드 높이 : 피라미드 그림자 길이

삼각형의 TMI

정보 하나

삼각자에는 왜 구멍이 있을까? 직각을 그릴 때나 잴 때 사용하는 삼각자를 보면 가운데에 구멍이 뚫려 있는 것을 알 수 있어. 이 구멍은 왜 있을까? 그 이유는 첫째, 쉽게 부러지지 않게 하려는 것이고, 둘째는 잡기 쉽고, 셋째는 쉽게 찾을 수 있도록 어디든 걸어 놓을 수 있게 하려고 만든 구멍이래.

정보 둘

옛날에는 왜 무기를 이등변 삼각형 모양으로 만들었을까? 옛날 사람들은 화살촉과 같은 무기를 이등변 삼각형 모양으로 만들었어. 이등변 삼각형은 두 변의 길이가 같아. 그래서 이등변 삼각형 모양으로 도구를 만들면 균형이 완벽하고 앞쪽으로 공기 저항도 덜 받아서 빠르게 날아갈 수 있지.

정보 셋

왜 삼각형을 가장 단단한 도형이라고 할까? 한강 다리, 체육관 지붕 등 우리 주변 건축물을 들여다보면 삼각형 모양을 흔히 볼 수 있어. 삼각형 형태로 배열된 이 구조를 트러스 구조라고 부르는데, 건축물의 뼈대가 되는 철골은 거의 삼각형 모양이야. 그렇다면 왜 사각형이 아닌 삼각형을 사용했을까? 바로 삼각형이 가장 튼튼한 도형이기 때문이야. 삼각형과 사각형에 강한 힘을 주어 동시에 눌러 보면, 사각형은 모양이 기울어지지만, 삼각형은 모양이 거의 변하지 않아. 삼각형은 세 변의 길이가 바뀌지 않는 한 외부 힘으로 모양이 변형되는 일은 거의 일어나지 않지. 이런 특성을 가진 도형은 삼각형뿐이기 때문에 지붕이나 다리, 기중기처럼 튼튼하게 만들어야 하는 건축물이나 기구에 삼각형을 많이 활용해.

치즈로 각도기를 만들어라!

각도

로딩중

포인트를 이용해 편의점의 물건을 이용할 수 있습니다.
현재 보유 포인트 10

"쌀이야, 이것 봐. 포인트로도 편의점 물건을 살 수 있대! 시험 삼아 한번 사 볼까?"

"나중에 중요한 걸 사야 할지도 모르잖아. 쓰지 말고 모으자."

쌀이가 말렸지만 보리는 콧노래를 부르며 냉장고로 향했다. 보리가 손을 뻗어 사각 치즈 묶음을 잡자 메시지 알림이 울렸다.

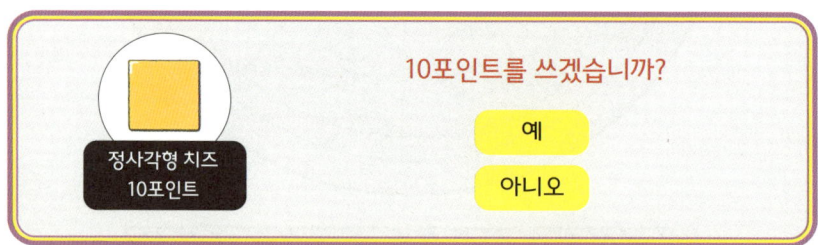

"오, 10포인트. 좋아! 우리 아까 퀘스트 풀고 10포인트 받았으니까 이거 살 수 있겠다."

"누나, 잠깐만!"

쌀이가 말리기도 전에 보리는 '예' 단추를 눌러 버렸다.

> **정사각형 치즈를 구매하였습니다. 10포인트 사용**
> 현재 보유 포인트 **0**

그때 편의점 계산대에 놓인 전화벨이 따르릉따르릉 울렸다.

"누나, 이거 퀘스트 전화야! 얼른 받아."

보리는 먹으려던 치즈를 내려놓고 전화를 받았다.

"네, 편의점입니다."

"안녕하세요. 조각 피자를 사려고 하는데요. 저희가 도착하기 전까지 미리 피자를 꺼내서 데워 주세요. 맛은 상관없이 한 각의 크기가 45°짜리 피자랑 한 각의 크기가 30° 크기 피자 한 조각씩이요."

상대방은 말을 마치자마자 전화를 끊어 버렸다. 그러자 퀘스트 메시지 알림이 왔다.

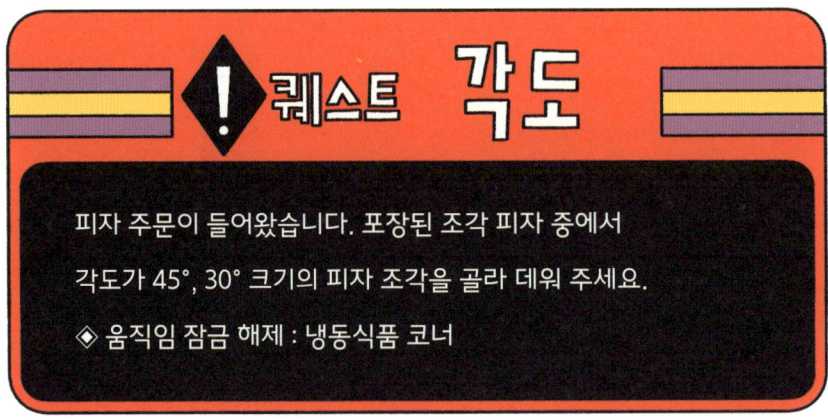

메시지 창이 사라지자 냉동식품 코너에 빛이 들어왔다. 보리와 쌀이가 냉동식품 코너로 가서 냉장고를 열었더니 여러 가지 냉동 피자가 진열되어 있었다. 보리는 냉동 피자 조각들을 쓱 살펴보더니 코웃음을 쳤다.

"수학 경시대회 출신에게 각 재는 것쯤이야 식은 죽 먹기지! 쌀이야, 각도기 좀 찾아봐."

그때 메시지 알림이 다시 한 번 띠링 울렸다.

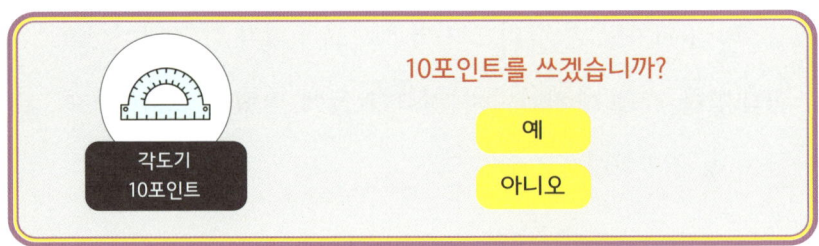

보리는 메시지를 보고 당황했다. 아까 치즈를 사 먹느라 남은 포인트가 하나도 없었기 때문이다.

"각도기를 얻으려면 10포인트가 필요하대. 쌀이야, 어쩌지?"

"그러니까 내가 좀 기다리라고 했잖아!"

"이깟 치즈 좀 먹은 거 가지고 뭘 그러냐?"

화가 난 보리가 씩씩거리며 사각 슬라이스 치즈를 바닥에 팽개쳤다. 그 순간 바닥에 흩어진 치즈가 보리의 눈에 들어왔다.

"잠깐만, 쌀이야. 방금 각도기 없이 각을 잴 방법이 떠올랐어!"

"각도기 없이 어떻게 각을 잰단 말이야?"

쌀이가 퉁명스럽게 대꾸하자 보리는 치즈 하나를 집어 올리며 말했다.

"여기 쓰여 있잖아. 이 치즈 이름이 바로 정사각형 치즈라고. 이 치즈가 정사각형이면 30°와 40°짜리 각도기를 만들 수 있어!"

"어떻게?"

보리는 마주 보는 꼭짓점이 맞닿도록 정사각형 치즈를 반으로 접었다. 그러자 사각형 치즈가 삼각형이 됐다. 보리는 반으로 접은 치즈를 흔들어 보이며 말했다.

"정사각형의 네 각이 모두 90°라는 특징을 이용해서! 마주 보는 꼭짓점끼리 정사각형을 접으면 이렇게 삼각형이 돼. 그럼 이 삼각형은 어떤 삼각형일까?"

보리의 말에 쌀이는 눈을 반짝였다.

"한 각이 90°이고, 나머지 두 각은 90°를 반으로 나눈 45°니까, 직각 이등변 삼각형!"

"그래, 이 삼각형의 작은 각이 바로 45°짜리 각도기가 되는 거야!"

"누나, 천재다. 그럼 30°는 90°를 3등분으로 접으면 되겠네!"

"그런데 자나 각도기가 없어서 정확하게 3등분으로 접기가 어려워."

"그럼 어떻게 해?"

"이 정사각형을 사용해서 정삼각형을 만들 테니까 잘 봐."

보리는 새 치즈 한 장을 꺼내 치즈가 부서지지 않도록 비닐 포장을 벗기지 않은 채로 반으로 접었다 폈다. 그랬더니 사각형을 반으로 가르는 선 PQ가 만들어졌다. 그러고 나서 왼쪽 위의 꼭짓점 A와 오른쪽 위의 꼭짓점 D를 PQ에 오도록 접었다. 그러자 A와 D가 한 점에서 만나 점 E가 되었다.

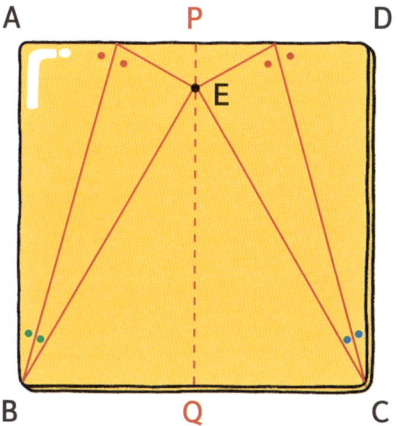

"자, 이제 정삼각형 EBC가 완성되었어!"

"근데 누나, 이게 정삼각형인지 어떻게 알 수 있어?"

"세 변이 모두 같다는 걸 증명하면 되지."

"하지만 자가 없는데?"

"자는 없어도 돼. 자, 봐. 치즈는 정사각형이라서 네 변이 모두 같잖아. 선분 AB를 접어서 선분 EB가 되었고, 선분 DC를 접은 선이 선분 EC가 되었으니까 선분 EB와 EC는 길이가 같아. 그런데 BC도 정사각형의 한 변이잖아. 즉, 삼각형 EBC는 선분 EB, 선분 EC, 선분 BC 세 변의 길이가 모두 같은 정삼각형이지."

"우아, 정말이네! 정삼각형이 만들어졌어!"

"정삼각형을 만들었으니까 30° 만드는 것쯤은 식은 죽 먹기지. 정삼각형은 한 각의 크기가 60°이니까, 한 꼭짓점을 반으로 접으면 각이 이등분 되면서 30° 각도기 완성!"

"누나, 그럼 각도기가 없어도 이 치즈로 30°와 45°짜리 조각 피자를 찾으면 되겠네."

둘은 피자가 있는 냉장고로 다가갔다. 쌀이가 불고기 맛 조각 피자 하나를 꺼내 들었다.

"누나 이게 대충 보기에 45°일 것 같아 비교해 보자."

보리는 불고기 피자에 45° 치즈 각도기를 포개었다. 첫 번째로 집은 불고기 맛 피자는 45° 치즈 각도기와 비교하니 각이 조금 더 컸다. 이렇게 각도기를 만들어서 겹쳐 보니 각의 크기를 정확히 비교할 수 있었다.

"다른 피자도 비교해 보자."

쌀이는 두 번째로 치즈 피자를 가지고 왔다. 그러자 이번에는 꼭 짓점에서부터 양변까지 꼭 포개졌다.

"찾았어! 이 치즈 피자를 상자에 포장하자."

쌀이는 45°라고 쓰인 상자에 피자를 넣었다.

"이번에는 30° 짜리 피자를 찾아보자"

쌀이는 고구마 피자를 가져왔다.

"누나, 이건 아까 그 치즈 피자보다 훨씬 뾰족해. 45°보다 각이 더 작아 보여."

보리는 피자 꼭짓점에 30°짜리 치즈 각도기 꼭짓점을 맞추고 살포시 포갰다.

"맞아! 이게 30°짜리야! 쌀이 너 눈썰미 대단한데?"

보리에 칭찬에 쌀이가 멋쩍은 듯이 웃었다.

둘은 찾아낸 피자를 전자레인지에 따뜻하게 데운 뒤 포장했다. 그때 띠로롱 소리가 나면서 손님이 계산대에 나타났다.

"전화로 피자를 예약한 사람이에요. 제가 원하는 피자를 잘 골라 주셨군요!"

쌀이와 보리가 포장한 피자 상자의 바코드를 찍자 빠밤 하고 휴대 전화 메시지 알림이 울렸다.

퀘스트 성공!

각도 아이템과 20포인트를 얻었습니다.

자물쇠의 각 조각 부분에 색이 들어왔다. 피자를 구입한 손님은 어느새 사라지고 없었다.

편의점 속
개념 수학

각에 대해 알아볼까?

각이란, 한 점에서 그은 두 개의 반직선이 이루는 도형을 말해. 삼각형은 이름처럼 각이 세 개, 사각형은 각이 네 개, 오각형은 각이 다섯 개야. 각은 크기에 따라 예각, 직각, 둔각, 평각 네 종류가 있어. 우선 예각은 각의 크기가 0°보다 크고 90°보다 작은 각을 말해. 보통 예리하고 뾰족하다는 느낌이 들면 그건 아마 예각일 거야. 직각은 평각의 절반 크기 각으로 평각 크기가 180°니까 직각의 크기는 90°야. 둔각은 각의 크기가 90°보다 크고 180°보다 작은 각을 뜻해. 마지막으로 평평한 각이란 뜻의 평각은 한 점에서 뻗어 나간 두 반직선이 일직선을 이룰 때의 각으로 크기가 180°야.

각의 종류

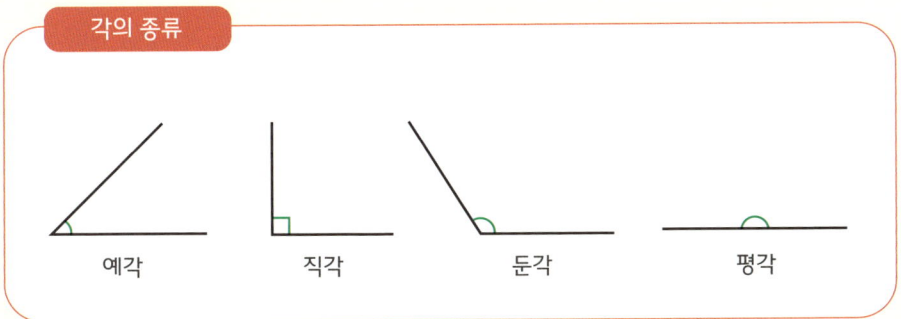

각의 모양은 대부분 뾰족하니까 뾰족한 것은 다 각일까? 앞에서 각을 설명할 때 두 개의 반직선으로 이루어진 도형이라고 했지? 따라서 두 개의 반직선이 이어져서 만들어지지 않으면 각이라고 할 수 없어. 그리고 각이 되려면 두 반직선이 반드시 한 점에서 만나야 해. 그렇다면 두 반직선이 한 점에서 만나지 않거나 직선이 아닌 곡선으로 이루어진 도형은 각이 아니야.

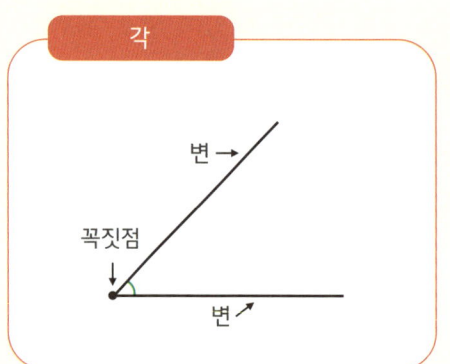

편의점 속 수학 돋보기

물건이 잘 팔리는 각도가 있다고?

편의점에서 파는 과자가 더 먹음직스러워 보인 적 있지? 편의점에서는 소비자가 물건을 더 사고 싶게 만들도록 진열하는데, 거기에 바로 수학이 숨어 있단다.

물건 진열 방식에 어떤 수학적 비밀이 숨겨져 있을까? 바로 '잘 팔리는 각도'를 사용하는 거야. 셀카를 찍을 때 자기 얼굴이 더 예쁘게 나오는 얼짱 각도처럼, 물건을 사고 싶게 만드는 각도라는 것도 있어. 바로 사람의 시선이 오래, 쉽게 머무르는 각도를 말해. 사람의 시야는 정면을 향한 채 고개를 돌리지 않고 물체를 볼 수 있는 각도가 위아래로는 40°~ 120°, 좌우로는 80°~ 140° 정도야. 이렇게 사람들이 고개를 돌리지 않고 시선이 쉽게 오래 머무는 장소를 골든존이라고 불러.

편의점에서는 1.2m~1.6m 높이 진열대에서, 보통 성인 표준 키를 기준으로 했을 때 눈 위치에서 위로 15°, 아래로 15° 각도까지의 진열 공간이 골든존이야. 그래서 이 진열 위치에 인기 상품이나 이익이 많이 나는 상품, 신상품 등을 배치해. 눈에 잘 띄어서 사람들이 물건을 쉽게 고를 수 있게 하는 거지.

여기서 끝이 아니야. 물건이 예뻐 보이는 각도로 놓는 것도 중요해! 바로 제품 이름이 잘 보이도록 15° 정도 기울여 세워 놓는 거야. 이렇게 하면 시선을 끌기도 쉽고 손님이 상품을 더 입체적으로 볼 수 있기 때문이지. 마찬가지로 가격표도 잘 보일 수 있도록 20° 정도 기울여 붙여 놔. 어때, 편의점 진열에 숨겨진 수학적 비밀을 이제는 알겠지?

재미있는 수학 이야기

셀카의 생명, 각도!

스마트폰이 일상화되면서 사람들은 자기 모습을 사진으로 예쁘게 남기려고 노력해. 셀카를 찍을 때 가장 중요한 것은 무엇일까? 바로 각도야. 특히 '얼짱 각도'라고 알려진 45°로 사진을 찍어야 예쁘게 나온다고 해. 왜 하필 45°일까? 다름 아닌 스마트폰 카메라에 있는 광각 렌즈 때문이야. 광각 렌즈는 넓은 각도의 시야로 사진을 찍을 때 주로 쓰는 렌즈인데, 사진을 찍는 대상인 피사체가 렌즈와 가까워질수록 커지는 정도가 크고, 멀어질수록 작아지는 정도가 커져.

광각 렌즈와 얼굴 각도가 45°를 이룰 때 얼굴과 렌즈의 거리를 살펴보면 눈과 코는 렌즈와 가깝고, 턱은 상대적으로 렌즈에서 먼 거리에 있어. 따라서 가까이 있는 눈과 코는 광각 렌즈 효과로 좀 더 크게 두드러지고 상대적으로 멀리 있는 턱은 좀 더 작고 가늘게 보여. 믿기 어렵다고? 그렇다면 직접 한번 찍어 봐. 방법은 스마트폰 카메라를 정면(0°)을 두고 찍고, 각각 위로 45°, 아래로 45° 각도에서 찍는 거야.

똑같은 얼굴이라도 어떤 각도에서 찍느냐에 따라서 사진 속 얼굴이 더 커 보이거나 작아 보일 수 있어. 우리가 거울을 볼 때 측면에서 보면

살짝 더 예뻐 보이는 것은 각에 의한 원근법 때문이야. 물론 사람마다 잘 어울리는 각도가 조금씩 다를 수는 있어. 자, 이제 가장 예뻐 보이는 각을 이용해서 셀카를 잘 찍어 볼 수 있겠지?

각도의 TMI

정보 한 조각

각도기는 언제 발명되었을까? 각도를 잴 때 사용하는 도구인 각도기는 옛날부터 바다에서 배를 조종하는 선원들에게 꼭 필요한 물건이었어. 오늘날 쓰는 반원 모양의 각도기는 13세기 무렵부터 사용되었어. 그러다가 1801년 미국의 해군 함장 조지프 허더트가 항해도(바다 위에 뱃길을 나타낸 지도)에 배의 위치를 정확히 표시하기 위해 삼각 각도기라는 좀 더 복잡한 각도기를 발명했대.

정보 두 조각

원의 각도는 왜 360°일까? 원의 각도가 360°인 이유는 고대 바빌로니아 사람들이 1년을 360일이라 생각했기 때문이래. 4천여 년 전 고대 바빌로니아 사람들은 오랫동안 태양을 관찰하다가 태양이 특정 지점에서 떠오른 뒤 다시 같은 지점에서 떠오르기까지 약 360일이 걸린다는 사실을 발견했어. 그래서 1년을 360일로 정하고, 360일을 30일씩 나눠 열두 달을 정했다고 해. 당시에는 특별한 달력이 없었기 때문에 1년을 원으로 표시했는데, 그래서 원의 각도가 360°가 되었다는 이야기가 전해져.

정보 세 조각

포탄이 가장 멀리 나갈 수 있는 각도는 몇도일까? 포탄이 얼마나 멀리 날아가느냐 하는 것은 대포 자체의 성능도 중요하지만, 포탄을 쏘는 포수가 어떤 각도로 쏘느냐에 달려 있어. 포탄이 가장 멀리 나갈 수 있는 각도는 바로 45°야. 만약 대포의 탄알이 나가는 구멍인 포구와 지면이 이루는 각도가 45° 이상이면 포탄은 하늘 높이 올라가지만 멀리 날아가지는 못해. 또한 포구와 지면이 이루는 각도가 45° 이하면 중력으로 인해 역시 포탄이 땅에 빨리 떨어져 버려. 따라서 포구와 지면이 이루는 각도를 45°로 맞춰 포를 쏘았을 때 포탄이 가장 멀리 날아갈 수 있어.

세 번째

가장 큰 초콜릿을 골라라!

넓이

로딩중

"뭐지? 손님이 갑자기 사라졌어!"

"누나, 저 사람은 게임 안에서 설정된 캐릭터인 엔피시(NPC)라서 물건만 사고 사라지는 거야."

"그렇구나. 저 손님이 편의점 문을 열고 나가면 우리도 따라 나갈 수 있지 않을까 했는데."

"아마 게임 끝날 때까지 계속 나올걸? 저런 엔피시들도 잘만 이용하면 우리한테 도움 될 거야."

두 번째 퀘스트를 맞춘 보리와 쌀이가 기운이 빠져 멍하게 앉아 있는데, 아까 데운 피자 냄새가 코끝으로 흘러들어 왔다. 그 냄새를 맡자 보리는 잊었던 배고픔이 밀려왔다.

그때 쌀이가 머리를 긁적이며 머뭇머뭇 보리에게 말했다.

"누나, 아까 치즈 먹었다고 뭐라 해서 미안해."

"아냐, 나도 네 말을 들었어야 했는데 배가 너무 고픈 바람에 아이템 생각을 못 했어."

보리가 슬그머니 덧붙였다.

"우리, 아까 남은 치즈 마저 먹을까?"

보리와 쌀이는 치즈 포장을 벗기고 한 입 베어 물었다. 느끼하면서 고소한 치즈 향이 입안에 확 퍼졌다.

"우아, 배고파서 그런지 이 치즈 정말 맛있다!"

보리와 쌀이는 진열대에 놓인 과자들을 보면서 침을 꿀떡 삼켰다. 보리가 쌀이의 눈치를 보며 물었다.

"저기, 쌀이야. 우리 포인트로 다른 것도 사 먹을까? 20포인트가 새로 생겼잖아."

"아까처럼 포인트가 부족해서 퀘스트에 필요한 아이템을 구하지 못하면 어떡해?"

"하지만 배가 너무 고파……. 너 알잖아. 나 배고프면 머리가 안 돌아가는 거. 우리 딱 10포인트만 쓰자, 응?"

보리가 불쌍한 표정으로 애원하자 쌀이는 하는 수 없이 고개를 끄덕였다. 신이 난 보리가 초콜릿이 놓인 진열장으로 달려갔다.

보리는 최대한 크고 양이 많아 보이는 초콜릿을 고르기 위해 열심히 눈을 굴렸다. 그때 초콜릿 두 개가 눈에 들어왔다.

'제발 10포인트를 넘지 마라.'

보리는 떨리는 마음으로 초콜릿을 가격을 살펴보았다. 직사각형 초콜릿과 정사각형 초콜릿 모양 초콜릿 가격이 10포인트였다. 보리는 안도의 한숨을 쉬었다.

"쌀이야, 우리 이 두 개 중에서 하나 고르자."

보리는 초콜릿을 유심히 살펴보았다. 초콜릿 포장지에는 가로, 세로 길이가 표시되어 있고 두께는 같았다. 쌀이가 긴 직사각형 초콜릿을 가리키며 말했다.

"누나, 이게 더 커 보이는데?"

"아니야! 그렇게 대충 정했다가 양이 적으면 어떡해? 정확하게 양을 비교해야지."

"누나, 그럼 여기 나와 있는 이 가로세로 길이를 합해서 그 수가 크면 초콜릿 양도 더 많지 않을까?"

보리는 미간을 찡그리며 고개를 저었다.

"둘레가 크다고 해서 초콜릿 양이 많다고 할 수 없어. 초콜릿 양은 넓이로 결정되니까."

"둘레 합이 크면 넓이도 큰 것 아니야?"

"아니야, 둘레가 커도 넓이는 작을 수 있어."

"에이, 설마?"

"그럼 직접 계산해서 확인해 볼래? 너 사각형 넓이 구하는 공식 알지?"

"당연히 알지. **밑변×높이**잖아."

"좋아! 그럼 두 초콜릿의 넓이와 둘레를 각각 계산해 볼게. 우선 직사각형 초콜릿부터 보자고. 둘레를 구하는 공식은 **(가로+세로)×2**니까, 이 직사각형 초콜릿 둘레는 (14cm+5cm)×2=38cm야. 그리고 넓이 구하는 방법은 **밑변×높이**니까 14cm×5cm=70cm²야."

"정사각형 초콜릿은 내가 구해 볼게. 정사각형 초콜릿의 둘레는 9cm×4=36cm이고, 넓이는 9cm×9cm=81cm²야."

"잘했어. 그럼 둘레는 어떤 게 더 커?"

"직사각형 초콜릿의 둘레는 38cm이고 정사각형 초콜릿의 둘레는 36cm이니까 직사각형 초콜릿의 둘레가 더 크네."

"그래, 이번에는 넓이를 비교해 볼게. 직사각형 초콜릿은 넓이가 70cm², 정사각형 초콜릿의 넓이는 81cm²이니까 정사각형 초콜릿 넓이가 더 크지?"

"누나 말대로네! 둘레는 직사각형이 더 크지만, 넓이는 정사각형이 더 커."

"그러니까 정사각형 초콜릿이 더 크다는 말씀! 정사각형 초콜릿으로 사자!"

보리는 콧노래를 부르며 10포인트를 주고 정사각형 초콜릿을 샀다. 초콜릿 포장지를 막 뜯으려는 순간 또다시 띠로롱 소리와 함께 엔피시 손님이 나타났다. 머리가 보랏빛인 남자아이 손님이었는데, 초콜릿을 먹으려던 보리를 보더니 말했다.

"어, 그 초콜릿 맛있겠다!"

손님은 바구니를 들고 초콜릿 진열대로 갔다.

"이것도 맛있겠군! 이것도 맛있어 보이네."

한참 초콜릿을 고르던 손님은 바구니를 들고 계산대로 왔다.

"이것 중에서 넓이가 20㎠보다 큰 초콜릿을 골라 주세요."

손님이 초콜릿을 내밀자 메시지 알림이 울렸다.

퀘스트 넓이

넓이가 20㎠보다 큰 초콜릿을 골라 손님에게 판매하세요.
◆ 움직임 잠금 해제 : 초콜릿 코너

보리와 쌀이는 손님이 가지고 온 초콜릿을 살펴보았다. 모양이 다양했는데, 직사각형 초콜릿, 평행 사변형 초콜릿, 마름모 초콜릿, 등변 사다리 초콜릿, 다각형 초콜릿 들이었다. 초콜릿 포장지에는 가로, 세로, 높이, 대각선 길이가 쓰여 있었다.

쌀이가 허리에 손을 올리며 자신만만하게 말했다.

"누나, 이 초콜릿 도형들 넓이는 내가 구해 볼게!"

쌀이는 초콜릿을 늘어놓고 넓이를 계산했다.

"네 각이 직각인 직사각형의 넓이 구하는 공식은, **밑변×높이**니까 3㎝×4㎝=12㎠야! 마주 보는 두 쌍의 변이 평행한 평행 사변형 넓이 공식도 **밑변×높이**니까 4㎝×7㎝=28㎠. 그다음에 사다리꼴 넓이도 밑변×높이니까 6㎝×4㎝=24㎠."

"잠깐만! 사다리꼴 넓이 구하는 공식은 밑변×높이가 아니야!"

"아, 사각형 넓이 구하는 공식은 전부 다 밑변×높이 아냐?"

쌀이가 당황한 듯 목소리가 점점 작아졌다. 아까 보였던 거만한 표정은 어느새 사라지고 시무룩한 표정으로 바뀌었다. 그 모습에 보리가 웃으며 쌀이의 어깨를 토닥였다.

"괜찮아, 잘못 알 수도 있지! 이 초콜릿은 마주 보는 변이 서로 평행하고 밑변 양 끝 각이 같은 등변 사다리꼴이야. 등변 사다리꼴 넓이 구하는 공식은 **(밑변+윗변)×높이×½**이야. 그럼 (4㎝+2㎝)×6㎝×½ 하면 18㎠가 등변 사다리꼴 넓이가 돼."

"누나, 그럼 마름모 넓이는 어떻게 구해?"

"마름모는 네 변의 길이가 같고 마주 보는 두 쌍의 변이 평행하며, 두 대각선이 중점에서 수직으로 만나는 사각형이야. 마름모도 일종의 평행 사변형이라고 할 수 있어서 밑변 곱하기 높이 공식으로 구할 수 있는데, 이 마름모 초콜릿은 밑변과 높이가 아니라 두 대각선 길이가 나와 있잖아. 이걸로 넓이를 구해야 해. 마름모 넓이를 구하는 공식은 **한 대각선×다른 대각선×½**이야. 그러니까 8cm×6cm×½=24cm²가 되지."

"와, 누나 대단한데? 그럼 이렇게 복잡하게 생긴 다각형도 넓이 구하는 공식이 있어?"

쌀이의 질문에 보리는 고민에 빠졌다.

"이런 다각형 구하는 공식은 나도 잘 모르겠어. 이 다각형은 정사각형, 직사각형, 평행사변형, 마름모, 사다리꼴 어느 쪽도 아닌데."

고민이 생기면 손톱 물어뜯는 버릇이 있는 보리가 손톱을 뜯기 시작하자, 쌀이는 아까 샀던 정사각형 초콜릿의 가운데 부분을 뚝 떼어 보리에게 내밀었다.

"누나, 손톱 뜯지 말고 이거 먹어. 아이디어가 떠오를 거야. 누나는 단 걸 먹으면 머리가 잘 돌아가잖아."

쌀이가 내민 초콜릿 조각을 먹으려고 보리가 입을 벌린 순간, 번개처럼 좋은 생각이 났다.

"그래! 복잡한 다각형을 먹다 남은 초콜릿이라 생각하면 되는구나! 쌀이야, 다각형 초콜릿의 넓이를 구할 방법을 알아냈어!"

"진짜? 어떻게?"

"내가 먹은 초콜릿 모양을 봐."

"어? 다각형 초콜릿 모양이랑 비슷하네?"

"맞아! 사각형 초콜릿의 일부분을 떼어 내서 이런 모양이 만들어진 거잖아. 그러니까 이 다각형 넓이 역시 가로 10㎝와 세로 9㎝인 큰 직사각형의 넓이에서, 가로 3㎝에 세로 4㎝인 직사각형 넓이를 뺀 모양이라고 생각할 수 있지!"

"누난 정말 천재야! 그러면 큰 초콜릿 넓이는 10㎝×9㎝=90㎠이고, 비어 있는 부분 넓이는 3㎝×4㎝=12㎠니까, 이 다각형 초콜릿의 넓이는 90㎠-12㎠=78㎠야!"

"맞아! 그럼 이제 넓이가 20㎠보다 큰 초콜릿만 골라서 담자!"

쌀이는 봉지에 평행 사변형 초콜릿, 마름모 초콜릿, 다각형 초콜릿을 담은 다음 바코드를 찍고 손님에게 봉투를 건넸다. 초콜릿을 받은 손님이 환하게 웃자 휴대 전화 메시지 알림이 울렸다.

퀘스트 성공!
넓이 아이템과 20포인트를 얻었습니다.

어느새 엔피시 손님도 사라지고 자물쇠의 넓이 조각 부분에 색이 들어왔다.

보리가 한숨을 내쉬며 말했다.

"후유……. 수학 천재인 내가 이번 퀘스트 문제를 못 풀 뻔했어. 이거 정말 만만치 않군!"

보리의 너스레에 쌀이는 깔깔 웃었다.

편의점 속 개념 수학

넓이에 대해 알아볼까?

우리는 평소에 '넓다', '좁다'라는 말을 자주 써. 넓이는 일정한 평면에 걸쳐 있는 공간이나 범위의 크기를 말해. 그렇다면 넓이는 어떻게 구할까? 바로 다각형의 넓이 공식을 이용하면 쉽게 구할 수 있어. 다각형의 넓이 공식들을 한번 살펴볼까?

다각형 넓이 구하는 공식

- 직사각형의 넓이 : 밑변 × 높이
- 정사각형의 넓이: 한 변 × 한 변
- 평행사변형의 넓이 : 밑변 × 높이
- 삼각형의 넓이 : (밑변 × 높이) × ½
- 마름모의 넓이 : (한 대각선 × 다른 대각선) × ½
- 사다리꼴의 넓이 : (윗변 + 아랫변) × 높이 × ½

어때, 이제 각 다각형의 넓이를 쉽게 구할 수 있겠지? 여기서 한 가지 궁금한 점이 생겨. 둘레의 길이가 같으면 넓이도 같을까? 정답은 '아니다'야. 왜냐하면 도형의 둘레는 도형의 가장자리 변의 길이를 합한 것이지만, 넓이는 변으로 둘러싸인 영역의 크기를 나타내기 때문이지. 잘 이해가 안 된다고? 그렇다면 예를 들어 볼게. 둘레가 100m로 같은 두 사각형이 있어. 한 사각형은 가로 길이가 40m, 세로의 길이가 10m인 직사각형이고, 다른 사각형은 가로 25m, 세로 25m인 정사각형 모양이야. 그렇다면 두 도형의 넓이는 어떻게 될까?

직사각형의 넓이는 40m×10m=400㎡이고, 정사각형의 넓이는 25m×25m=625㎡야. 어때? 둘레는 같지만 넓이는 서로 다르지?

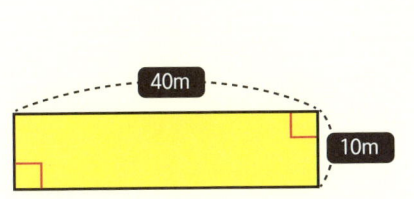
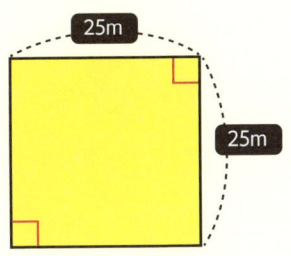

직사각형 둘레 : (10×2)+(40×2)=100m
직사각형 넓이 : 40×10=400㎡

정사각형 둘레 : 25×4=100m
정사각형 넓이 : 25×25=625㎡

편의점 속 수학 돋보기

좁은 편의점의 비밀

편의점에서는 먹을거리 외에 문구, 의약품까지 다양한 일상 생활용품을 많이 팔아. 그런데 이렇게 다양한 물건을 파는 편의점이 사실 굉장히 좁다는 사실을 알고 있니? 편의점은 평균 면적이 약 73㎡(22평) 정도 된다고 해. 이렇게 작은 공간에 취급하는 품목 수만 해도 1,800개~2,000개 정도 된다고 하니 굉장하지?

이렇게 많은 상품을 어떻게 잘 보이게 진열할 수 있을까? 비밀은 상품 진열대에 있어. 편의점 진열대를 잘 살펴보면 맨 위 칸에서 아래 칸으로 내려올수록 진열대 너비가 점점 커지는 걸 볼 수 있어. 맨 위 칸 진열대 너비는 약 25㎝이고 아래로 내려갈수록 조금씩 넓어져 맨 아래 칸 진열대 너비는 대략 43㎝야. 옆에서 보면 진열장이 사다리꼴 모양이라는 걸 알 수 있지.

왜 하필 사다리꼴 모양일까? 진열장이 비스듬한 사다리꼴이면 사람들이 선 상태에서도 아랫쪽에 있는 상품을 쉽게 볼 수 있어. 만약 먼저 도착한 손님이 물건을 고르기 위해 서 있을 때 나중에 온 손님은 앞 손님에 가려 물건이 잘 보이지 않겠지? 그래서 손님들이 서서 물건을 고르고 있어도 아래쪽에 진열된 물건이 어느 정도 보이도록 진열장을 사다리꼴로 만든 거야. 그리고 맨 아래쪽 상품은 상품명이 잘 보이도록 눕혀서 진열한다고 해.

  또한 사다리꼴 모양으로 진열장을 만들면 좁은 편의점에서 소비자가 선 채로 상품을 살펴볼 때 물건 종류를 더 많이 볼 수 있어. 진열장 가장 위쪽 칸은 높이 때문에 앞쪽에 놓인 상품 위주로 보이겠지? 그런데 그 아래 칸은 위 칸보다 공간이 넓으니 뒷줄에 놓인 상품들까지도 보여. 이렇게 사다리꼴 진열장은 시야에 상품이 더 많이 보이기 때문에 손님들이 서서 물건을 고를 때 방해를 덜 받고 물건을 고를 수 있는 거야. 어때, 신기하지?

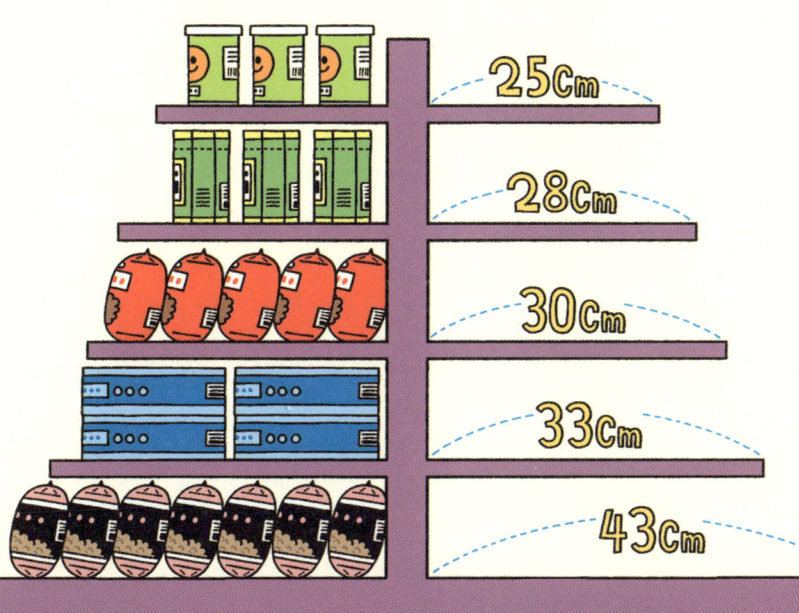

재미있는 수학 이야기

'평'을 사용하면 벌금을 낸다고?

건물 면적을 계산할 때 많이 쓰는 '평'이라는 표현은 일본에서 사용하던 단위야. 일본에서는 바닥에 까는 다다미를 기준으로 다다미가 두 장 깔리는 넓이인 가로세로 길이가 1.8m인 정사각형 넓이를 '한 평'이라고 불렀어. 우리나라에서 일본 단위를 쓰게 된 이유는 일제 강점기 때 토지 측량 때문이야. 일본이 우리나라 땅을 빼앗기 위해서 대대적으로 땅을 측량했는데 그 과정에서 평을 단위로 토지 대장을 작성했고 우리나라 사람들도 자연스럽게 평 단위를 사용하기 시작했어.

요즘은 평이란 단위를 사용하지 않아. 전 세계적으로 대부분 미터법으로 통일해서 사용하고 있거든. 하지만 사람들이 계속해서 평이란 단위를 사용하자 정부는 강력한 정책을 내놓았어. 2007년부터 모든 집과 땅의 넓이를 표현할 때 ㎡(제곱미터)를 사용해서 넓이를 표현하도록 법으로 정한 거야. 그래서 공식 정보를 나타내는 자료를 보면 모두 제곱미터로 넓이를 표시하고 있어.

넓이의 TMI

정보 한 조각

머리가 크면 머리둘레도 클까? 둘레는 사물이나 도형의 가장자리나 테두리를 따라 한 바퀴 돈 길이야. 얼굴이 크면 머리둘레도 클 수 있지만, 꼭 그런 것은 아니야. 왜냐하면 위로 길쭉하게 생긴 얼굴은 얼핏 머리가 커 보이지만 좌우폭이 좁아서 머리둘레가 작을 수 있어.

정보 두 조각

우리나라 전체 땅 넓이를 알 수 있을까? 토지에 관한 제도 중에 '지적'이라는 것이 있어. 지적이란, 땅에 관한 여러 사항을 등록해 놓은 기록을 말해. 지적에는 땅의 위치, 넓이, 소유 관계, 용도 등이 기록되어 있어. 따라서 지적에 등록된 땅 넓이를 모두 더하면 우리나라 토지의 전체 넓이를 대략 알 수 있지.

옛날에는 땅의 넓이를 어떻게 구했을까? 우리나라는 옛날부터 땅 넓이를 구하는 일을 중요하게 여겼어. 땅 넓이를 정확히 알아야 곡식의 수확량을 예상하고 세금도 잘 걷을 수 있었거든. 삼국 시대에 전해진 중국의 수학책《구장산술》에는 땅의 넓이를 구하는 문제가 많이 나와 있어. 사람들은 편의상 정사각형 땅, 직사각형 땅 그리고 직각 삼각형 땅 이렇게 세 가지로 나누어 계산했어. 모양이 일정하지 않은 땅은 정사각형과 직각 삼각형으로 나누어 계산했지. 이상한 모양의 땅도 직사각형, 직각 삼각형으로 나누어 보면 얼마든지 계산할 수 있거든.

"근데 쌀이야, 만약 모르는 수학 개념이 나오거나 혹은 퀘스트를 잘못 풀었을 때는 어떡하지?"

쌀이는 보리 말도 듣지 않고 드르렁드르렁 코를 골며 자고 있었다.

"야, 이쌀! 누나가 이렇게 고민하고 있는데 잠이 오냐!"

"응? 갑자기 졸려서 그만. 뭐라고 했어?"

"만약에 우리가 모르는 수학 문제가 나와서 퀘스트를 해결 못 하면 어떡하냐고."

쌀이가 눈을 부비며 대답했다.

"아아, 만약 답을 틀렸을 때는 선택 퀘스트를 풀어서 다시 도전할 수 있어."

"선택 퀘스트?"

"응! 패자 부활전 같은 거야."

"그래? 다행이다. 근데 만약 선택 퀘스트도 틀리면?"

그때 딸랑 소리와 함께 예쁜 여자아이 엔피시 손님이 나타났다. 손님을 본 순간 쌀이는 가슴이 두근거리고 얼굴이 벌게졌다.

'세상에! 딱 내 이상형이야! 큰 눈에 부드러운 머릿결!'

"여기 도넛은 어디 있나요?"

손님이 말을 마치자 메시지 알림이 왔다.

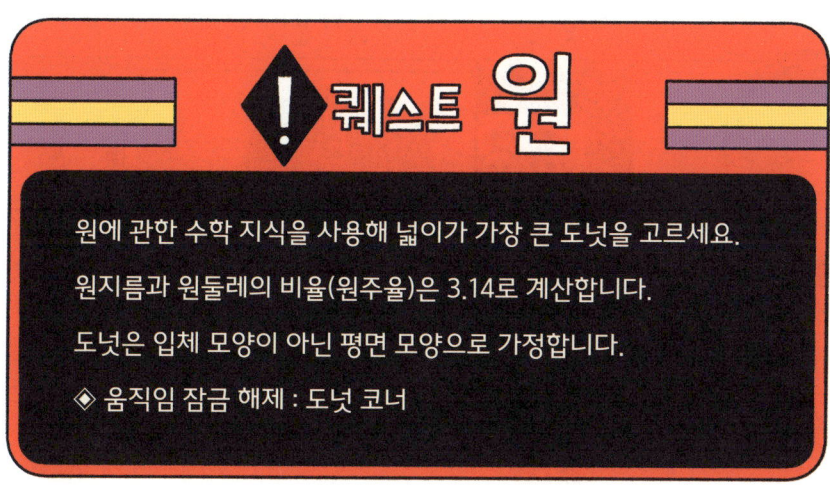

오른쪽 구석 도넛 판매대에 조명이 켜지며 활성화되었다.

"이번 문제는 내가 해결할 테니까 누나는 보고만 있어."

보리는 미심쩍은 눈으로 쌀이를 바라보았지만, 쌀이는 엔피시 손님의 뒤를 졸졸 따라갔다. 도넛 판매대를 훑어보던 손님이 말했다.

"여기에서 제일 큰 도넛을 골라 주세요."

"아, 네! 그럴게요."

'둘레가 큰 도넛을 고르면 되겠지?'

쌀이는 도넛을 찬찬히 살펴보았다. 각 도넛 아래에는 이름과 지름이 쓰여 있었다.

"겉으로 보기에는 크기가 비슷해 보이는데……. 아, 지름이 나와 있잖아. 그럼 원의 둘레인 원주를 구할 수 있겠어. 원주 구하는 공식은 원의 지름×원주율(3.14)이니까, 딸기 도넛의 둘레는 지름 9㎝×3.14=28.26㎝야. 초콜릿 도넛의 둘레는 지름 10㎝×3.14=31.4㎝이고, 마지막 치즈 도넛의 둘레는 지름 8㎝×3.14=25.12㎝군. 그럼 이 중에서 원주가 가장 큰 건…… 초콜릿 도넛이네!"

쌀이가 신나게 초콜릿 도넛을 집어 손님에게 내밀었다. 그런데 초콜릿 도넛을 본 소녀가 눈썹을 찡그렸다.

"이건 작잖아요!"

"네? 제일 큰 도넛을 고른 건데요?"

"아니에요. 이 도넛은 가운데 부분이 비어서 크기가 작아요."

소녀의 말에 쌀이는 당황했다. 그 순간 편의점에 경고음 소리가 시끄럽게 울리더니 도넛 코너에 붉은 불빛이 들어왔다. 쌀이의 휴대 전화로 알림 메시지가 왔다.

경고 퀘스트 실패

다시 도전하려면 30포인트를 사용해 선택 퀘스트를 해결하세요.
선택 퀘스트를 시작하시겠습니까?

예   아니오

현재 보유 포인트 30

경고 메시지를 보자 쌀이의 머릿속이 하얘졌다.

'저 애한테 잘 보이고 싶어서 내가 풀겠다고 했는데. 괜히 나서서 퀘스트만 실패했네. 그냥 누나한테 풀어 달라고 할걸…….'

경고창이 떴으니 이번 퀘스트를 넘기려면 선택 퀘스트를 해결할 수밖에 없었다. 계산대에 있던 보리가 쌀이에게 달려왔다.

"쌀이야, 편의점에 불이 났나 봐! 갑자기 사이렌 소리가 울렸어!"

"누나, 불이 난 게 아니라 내가 퀘스트를 실패했어."

"뭐? 그럼 아까 그 사이렌 소리가 퀘스트 실패해서 난 소리야? 어휴, 너 혼자 해결하겠다고 난리 칠 때 말려야 했는데……."

말없이 고개를 숙인 쌀이는 보리 눈치만 살폈다.

"선택 퀘스트를 풀면 다시 도전할 수 있다고 했지?"

"하지만 30포인트를 써야 선택 퀘스트를 할 수 있어. 30포인트가 우리가 가진 전부인데, 만약 선택 퀘스트까지 틀리면 어떡해?"

"그렇다고 포기해? 누나가 도와줄 테니까 걱정 마!"

쌀이와 보리가 선택 퀘스트를 눌렀다.

선택 퀘스트 원

종이와 연필만 사용해 원을 그리세요.
다른 사물을 대고 그리면 안 됩니다.
◆ 종이, 연필은 계산대 안쪽에 있습니다.

보리와 쌀이는 계산대 쪽으로 가서 종이와 연필들을 꺼냈다.

"종이랑 연필만 가지고 원을 그리라고? 너무 쉬운데? 그냥 동그랗게만 그리면 되는 거 아냐?"

"잠깐만! 대충 그리면 안 돼! 너 원의 정의가 뭔 줄 알지?"

"그냥 동그라미 아니야?"

"으이그, 수학적으로 정확한 정의 말이야. 원은 평면 위의 한 위치에서 같은 거리에 있는 점들의 집합인 도형을 말해. 그러니까 이 퀘스트에서 말하는 건, 정확한 원을 그리라는 얘기 같아."

"다른 사물을 대고 그리지도 말라는데 컴퍼스도 없이 종이랑 연필만으로 원을 어떻게 그려? 문제가 너무 어려워. 어떡하지, 누나?"

보리는 잠깐 생각하더니 알 수 없는 미소를 지었다.

"컴퍼스도 필요 없어. 자, 누나 하는 거 잘 봐."

보리는 길게 자른 종이 위에 일정 간격 점을 찍어 구멍을 뚫었다. 두 구멍에 각각 연필을 끼워 손에 쥐고 밑에 종이를 깔았다. 그리고 손바닥에 가까운 쪽의 연필은 움직이지 않게 꾹 누른 뒤 밑에 깔린 종이를 돌리자 순식간에 원이 그려졌다.

보리가 원을 완성하고 사진을 찍어 메시지로 전송하자 붉은 경고등도 꺼지고 편의점 안은 다시 평화로워졌다.

"선택 퀘스트를 통과했나 봐! 누나, 진짜 대단한데?"

"이 정도 가지고 뭘! 근데 넌 아까 퀘스트 문제를 왜 틀린 거야?"

"엔피시가 제일 큰 도넛을 골라 달라고 했는데, 둘레가 가장 큰 도넛을 골랐거든."

쌀이가 주눅 든 목소리로 말했다. 사실 퀘스트를 실패한 것보다 수학 문제를 해결하는 멋진 모습을 소녀에게 보여 주지 못한 게 무척이나 속상했다.

"그럼 그 첫 번째 퀘스트 문제를 마저 풀어 볼까? 너, 앞에서 풀었던 초콜릿 퀘스트 기억하지? 도형 면적 구하는 문제 말이야."

쌀이는 뭔가 깨달은 듯 고개를 번쩍 쳐들었다.

"아, 초콜릿 때도 둘레가 아니라 면적을 비교했었지! 도넛도 면적을 비교했어야 했구나!"

쌀이의 대답에 보리는 웃으며 종이를 꺼내 들었다.

"원의 넓이를 구하는 공식은, **반지름×반지름×원주율(3.14)**인 건 알지? 그럼 치즈 도넛 넓이부터 구해 볼까? 지름이 8㎝인 치즈 도넛은 반지름이 4㎝니까 넓이는, 4㎝×4㎝×3.14=50.24㎠야."

보리가 계산한 치즈 도넛의 넓이를 쌀이가 종이에 받아 적었다. 보리가 다시 물었다.

"자, 그럼 초콜릿 도넛의 넓이는 어떻게 구해야 할까?"

보리의 물음에 고개를 갸우뚱하던 쌀이는 순간 엔피시 소녀의 말을 떠올렸다.

"그 애가 도넛 가운데가 비어서 작다고 했어. 그럼 초콜릿 도넛은 전체 넓이에서 가운데 빈 부분 원의 넓이를 빼야 하는구나! 초콜릿 도넛은 반지름이 5㎝니까 5㎝×5㎝×3.14=78.5㎠이고, 작은 원은 반지름이 2.5㎝니까 2.5㎝×2.5㎝×3.14=19.625㎠. 큰 원에서 작은 원 넓이를 빼면 78.5㎠-19.625㎠=58.875㎠. 이렇게 가운데가 뚫린 초콜릿 도넛의 넓이는 58.875㎠야."

"잘했어. 그럼 딸기 도넛도 마저 계산해 볼 수 있겠어?"

"딸기 도넛은 반지름이 4.5㎝니까 4.5㎝×4.5㎝×3.14=63.585㎠이고, 가운데 작은 원은 반지름이 1㎝니까 1㎝×1㎝×3.14=3.14㎠야. 그러니까 딸기 도넛 넓이는 63.585㎠-3.14㎠=60.445㎠야."

"맞아. 치즈 도넛은 50.24㎤, 초콜릿 도넛은 58.875㎤, 딸기 도넛은 60.445㎤니까 딸기 도넛이 제일 크네."

쌀이가 딸기 도넛을 바코드에 찍자 삐빅 소리와 함께 도넛이 상자에 예쁘게 포장이 되어 나타났다. 쌀이는 소녀에게 상자를 내밀었다. 그러자 뾰로통하던 소녀의 표정이 금세 미소 짓는 표정으로 변했다. 쌀이도 덩달아서 미소 지었다.

그때 휴대 전화 메시지가 울렸다.

퀘스트 성공!

원 아이템과 10포인트를 획득했습니다.

곧이어 자물쇠의 원 조각 부분에 색이 들어왔다.

그러자 엔피씨 소녀는 감쪽같이 사라져버렸다. 쌀이는 소녀가 있었던 자리를 한참 동안 멍하니 바라보았다.

편의점 속
개념 수학

원에 대해 알아볼까?

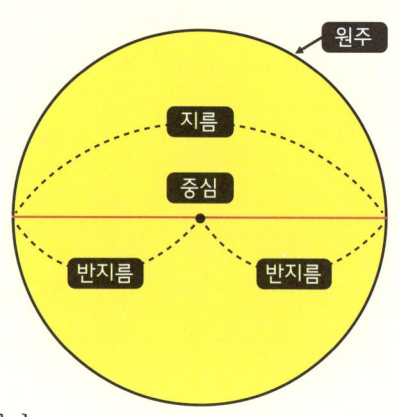

원이란, 한 점에서부터 같은 거리에 있는 점들로 이루어진 평면 도형을 말해. 원은 원의 중심, 원의 지름, 원주로 구성되어 있어. 원 위의 한 점에서 원의 중심을 지나는 선분을 원의 지름이라고 해. 반지름은 지름을 반으로 나눈 거야. 원주는 원둘레의 길이를 말하는데 원주와 지름은 서로 특별한 관계가 있어. 원주는 항상 지름 길이의 약 3.14배라는 거야. 이 3.14를 원주율이라고 해. 그러니까 원주율은 원지름의 길이에 대한 원주(원둘레)의 비율을 뜻하지. 따라서 원주율=원주÷지름으로, 약 3.14가 나와. 이 원주율을 파이(π)라고도 해.

원의 넓이는 어떻게 구할까? 간단하게는 원의 넓이 구하는 공식인 **반지름×반지름×3.14(원주율)**를 이용하면 돼. 이 공식은 어떤 원리로 만들어졌을까?

원을 아주 작은 조각으로 잘라서 아래 그림처럼 사각형 모양으로 펼치면 부채꼴 모양이 모여 직사각형에 가까운 모양이 되고, 세로 길이는 원의 반지름이 돼. 물론 아주 정확한 직사각형은 아니지만 같은 방법으로 원을 더 잘게 쪼갠다면 거의 직사각형에 가까워져. 이렇게 하면 직사각형 가로의 길이는 원둘레의 반(원주의 ½)이고 세로는 원의 반지름이니까 직사각형의 넓이는 가로×세로, 즉 원주의 ½×반지름이 돼지. 원주는 원의 지름×3.14이니까 원의 넓이를 구하는 공식은 **반지름×2×3.14×½× 반지름= 반지름×반지름×3.14** 가 나오는 거야.

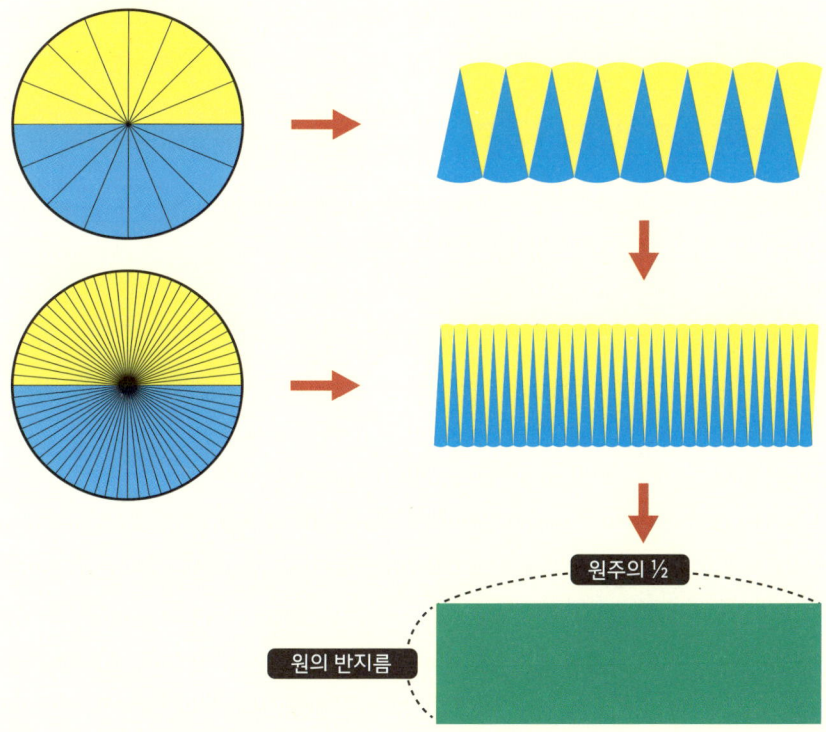

편의점 속 수학 돋보기

피자는 왜 동그란 모양일까?

피자는 왜 동그랗게 만들까? 우선 원은 최소의 길이로 최대의 넓이를 만들 수 있어. 예를 들어 같은 길이의 실로 원, 삼각형, 사각형 같은 도형을 만들어 보면 원의 넓이가 가장 커. 그래서 같은 양의 밀가루 반죽으로 피자를 원 모양으로 만들면 가장 큰 피자를 만들 수 있지.

또한 원은 중심에서 원둘레까지의 길이, 즉 반지름이 어디서나 같아서 열이 골고루 전달될 수 있어. 원 모양으로 피자를 만들었을 때 원의 중심에서 바깥쪽의 원둘레까지 길이가 모두 같으므로 골고루 열을 받아서 반죽이 덜 익는 부분이 거의 없어. 만약 피자 모양이 삼각형이나 사각형이라면 중심에서부터 각각의 변까지 길이가 달라서 중심에 놓인 반죽보다 거리가 먼 쪽의 반죽은 잘 익지 않지. 마찬가지 원리로 냄비 바닥이 둥근 모양인 것도 열을 효율적으로 전달하기 위해서야. 냄비 바닥이 둥글지 않다면 안쪽에 놓인 음식보다 가장자리 쪽에 있는 음식이 잘 익지 않게 돼. 피자가 왜 동그란 모양인지 이제 잘 알겠지?

재미있는 수학 이야기

 **원 때문에 죽임을 당한 아르키메데스**

아르키메데스(기원전287년?~기원전212년)는 고대 그리스 최고의 수학자야. 원의 넓이, 원주율의 근삿값, 구의 부피, 구의 겉넓이, 원기둥과 원뿔의 부피 등 수없이 많은 수학 공식을 알아냈거든. 특히 아르키메데스는 원에 아주 관심이 많았는데, 원주율(π) 값을 원하는 만큼 최대한 정확하게 계산한 최초의 사람이야. 그는 원에 접하는 다각형의 성질을 이용해서 원주율 값을 계산했어. 원의 넓이는 원에 내접하는 정육각형의 넓이보다 크고, 외접하는 정육각형의 넓이보다는 작아. 정십이각형이라면? 마찬가지로 같은 원의 넓이는 원에 내접하는 정십이각형의 넓이보다 크고 외접하는 정십이각형의 넓이보다 작겠지? 이렇게 정이십각형이나 정사십팔각형으로 계속 나아간다면 어떨까? 같은 방법으로 계속해서 원을 내접하고 외접시키다 보면 내접원과 외접원의 오차가 점점 줄겠지? 이렇게 아르키메데스는 정구십육각형까지 계산을 했고 그 결과 원주율 값을 상당히 정확하게 계산해 냈지. 이걸 보면 아르키메데스가 원에 얼마나 집착했는지 알겠지?

그런데 원에 대한 아르키메데스의 집착은 그를 죽음에 이르게 만들었어. 아르케메데스는 이탈리아 옆에 있는 시칠리아 동쪽 연안의 시라쿠사라는 도시 국가에서 태어났어. 그 당시 로마가 여러 도시 국가를 점령해 나갈 때였기 때문에 아르키메데스의 고향인 시칠리아도 로마에 굴복하고 말았지. 로마군이 시칠리아로 몰려올 때 아르키메데스는 바닥에 원을 그려 원주율을 계산하고 있었어. 그런데 로마 병사가 그 원을 밟아 버렸지 뭐야. 화가 난 아르키메데스는 "내 원을 밟지 마!" 하고 소리쳤어. 이에 화가 난 로마 병사가 아르키메데스를 죽여 버렸어. 만약 군인이 원을 밟지 않았다면 아르키메데스는 좀 더 오래 살 수 있었을까?

원의 TMI

정보 한 개

맨홀 뚜껑은 왜 원 모양일까? 맨홀은 땅속에 묻힌 수도관이나 하수관을 점검하고 청소하기 위해 만든 구멍인데 맨홀 뚜껑은 대부분 원 모양이야. 그 이유는 원의 특징 때문이지. 원은 중심에서 둘레까지 어느 방향으로 폭을 재도 지름이 일정하기 때문에 맨홀 뚜껑을 원 모양으로 만들면 뚜껑을 세워 방향을 틀어도 뚜껑이 구멍 안으로 빠지지 않아. 만약 맨홀 뚜껑을 사각형이나 삼각형으로 만든다면 어떨까? 원을 제외한 다각형은 모두 폭이 긴 쪽과 짧은 쪽이 있어서 비스듬히 밀어 넣으면 뚜껑이 구멍 속으로 빠질 수 있어 매우 위험하지. 즉, 맨홀 뚜껑을 원형으로 만드는 이유는 뚜껑이 구멍으로 빠지지 않게 하기 위해서야.

정보 두 개

왜 원탁에서 회의할까? 뉴스를 보면 국가 정상들이 만나 회의를 할 때 원탁에 둘러앉은 모습이 많이 나와. 왜 그럴까? 원탁은 어디에 앉아도 중심에서부터 거리가 같아서 원탁에 앉은 사람들은 모두 동등하다는 느낌을 받을 수 있지. 모두 수평적인 관계에서 회의한다는 의미로 사각형 모양보다는 원탁을 선호한다고 해.

정보 세 개

동전은 왜 둥근 모양일까? 기원전 3세기, 중국의 진시황은 '하늘은 둥글고 땅은 모나다'라는 특유의 우주관에 따라서 화폐 모양을 겉은 둥글고 구멍은 네모난 '원형방공(圓形方孔)'으로 통일했다는 기록이 있어. 우리나라도 중국의 영향을 받아 겉은 둥글고 가운데 네모난 구멍이 난 동전을 사용했지. 서양에서도 둥근 동전을 사용했는데 여기에 대해서는 여러 가지 이야기가 전해져. 동전을 각진 모양으로 만들면 주머니 안에서 동전끼리 부딪히거나 바닥에 떨어졌을 때 한쪽이 닳기 쉬워. 그래서 동전을 오래 보관하고 마모되는 걸 줄이기 위해 동그란 모양으로 만들었다는 거야. 동그란 모양의 동전은 압력을 분산해서 마모를 줄여 준다고 해.

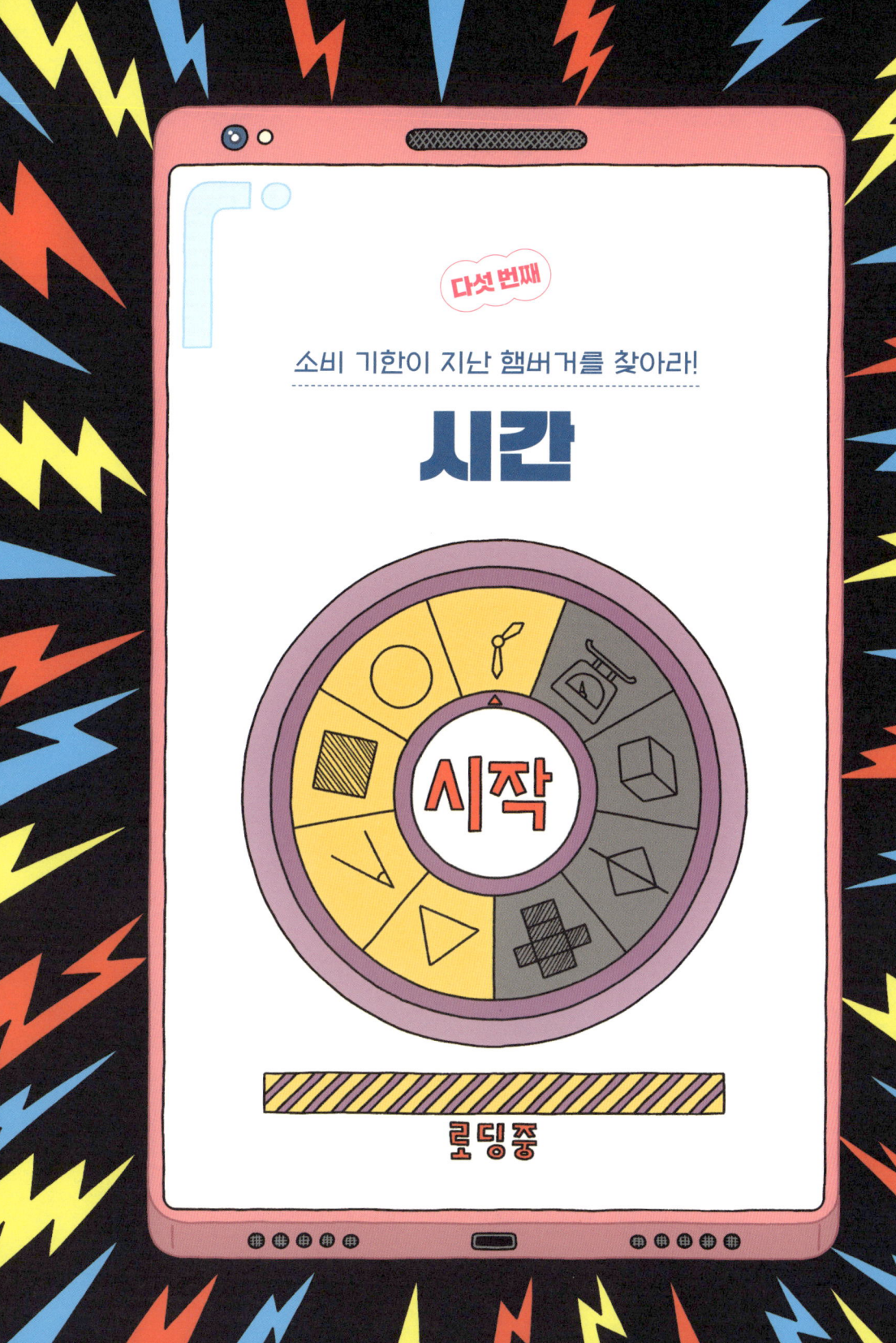

"이쌀, 정신 차려! 이거 게임이야! 저 애도 엔피시라고!"

"저 애도 누나처럼 먹을 거 보면 정신을 못 차리나 봐."

"이게 기껏 도와줬더니!"

그때 띠로롱 하는 소리가 울리면서 유치원생으로 보이는 꼬마 손님 셋이 재잘거리며 나타났다. 보리와 쌀이는 싸우려고 툭탁거리던 손을 어색하게 내리며 꼬마 손님들을 반갑게 맞았다.

"햄버거 사러 와쩌요."

그러자 오른쪽 구석에 있는 냉장 식품 판매대에 불이 들어왔다. 쌀이는 불 켜진 판매대를 손으로 가리키며 말했다.

"저기 불 들어온 판매대에 가면 햄버거가 있을 거예요."

"감사합니다."

배꼽 인사를 한 아이들이 까르르 웃으며 냉장 식품 쪽으로 달려갔다. 쌀이와 보리는 키 작은 아이들이 물건에 손이 닿지 않을까 걱정이 되어서 아이들을 따라갔다. 판매대에 종류별로 진열된 햄버거를 보던 아이 하나가 물었다.

"전자레인지에 음식 데워 먹어도 되나요?"

"물론이죠! 데워서 여기 탁자에 앉아서 천천히 먹고 가세요."

보리의 말에 아이들이 기뻐서 폴짝폴짝 뛰었다. 그 모습이 마치 아기 토끼 같아서 보리도 절로 흐뭇해졌다. 아이들이 먹고 싶은 햄버거를 골라 오자 보리는 계산대에서 바코드를 찍었다.

아이들은 와글와글 떠들며 전자레인지로 가서 햄버거를 데웠다. 그런데 아이 하나가 울먹이는 소리가 들렸다.

"왜 그래요?"

보리가 서둘러 가서 묻자 한 아이가 말했다.

"포장지에 쓰인 대로 30초 돌렸는데 햄버거가 차가워요."

보리가 햄버거 포장지를 확인해 보고 아이를 안심시키며 말했다.

"햄버거 세 개를 한꺼번에 넣고 돌려서 그래요. 햄버거를 하나에 30초씩 돌려야 하거든요. 세 개를 데우려면 30초+30초+30초 해서 90초를 돌려야 햄버거 세 개가 다 따뜻해져요."

"아! 그렇구나!"

아이들은 재잘거리며 다시 전자레인지로 가서 햄버거를 넣고 버튼을 눌렀다. 그런데 계속 삑 삑 삑 소리만 날 뿐 전자레인지가 자꾸만 꺼졌다. 아이들이 다시 울먹거렸다.

이번에는 쌀이가 아이들에게 다가가서 물었다.

"왜요? 전자레인지가 또 안 돼요?"

"네, 아까 저 누나가 90초를 돌려야 한다고 해서 10초 버튼을 아홉 번 눌렀는데 전자레인지가 자꾸 꺼져요."

보리와 쌀이가 전자레인지를 자세히 보니 버튼이 세 종류가 있었다. 10초 버튼, 30초 버튼, 1분 버튼이었다. 10초 버튼은 다섯 번까지는 눌러졌지만 여섯 번째 누르니 다시 0으로 돌아갔다.

"아, 전자레인지가 왜 꺼졌는지 알았다. 이 전자레인지 버튼은 시계의 원리로 된 것 같아."

"시계의 원리? 그게 뭐야?"

쌀이가 고개를 갸우뚱거리자 보리가 친절하게 설명해 주었다.

"시계는 초바늘이 한 바퀴 돌면 1분, 즉 60초야. 시계는 60초가 최대거든. 그러니까 90초를 누르고 싶으면 초 단위를 분으로 바꿔야 해. 90초는 60초 더하기 30초, 그러니까 1분 30초니까 1분짜리 버튼을 한 번, 30초짜리 버튼을 한 번 눌러야 90초를 돌릴 수 있지."

"아! 그러니까 60초 동안 익히고 싶으면 10초 버튼을 여섯 번 누를 게 아니라 1분짜리 버튼을 눌러야 하는 거구나!"

보리는 1분짜리 버튼을 한 번 누르고, 30초 버튼을 한 번 눌러 주었다. 그러자 햄버거 세 개가 따끈따끈하게 다 데워졌다. 따뜻한 햄버거를 받아 든 아이들은 무척 기뻐하며 탁자에 앉아 포장지를 벗기기 시작했다. 아이들이 햄버거를 한 입 베어 먹으려는 순간, 갑자기

비활성화가 되면서 아이들 움직임이 멈춰 버렸다. 마치 시간이 멈춘 듯 숨도 쉬지 않았다. 깜짝 놀란 보리와 쌀이가 달려가서 아이들을 흔들어 보았지만 모두 꼼짝도 하지 않았다.

보리는 덜덜 떨었다.

"얘들 혹시 죽은 건 아니겠지?"

"서… 설마. 아, 아닐 거야 누나. 우린 아무 잘못 없어! 그냥 얘들한테 전자레인지 돌리는 걸 알려 줬을 뿐이잖아!"

쌀이가 울먹이며 말하자 갑자기 휴대 전화 메시지 알림이 울렸다.

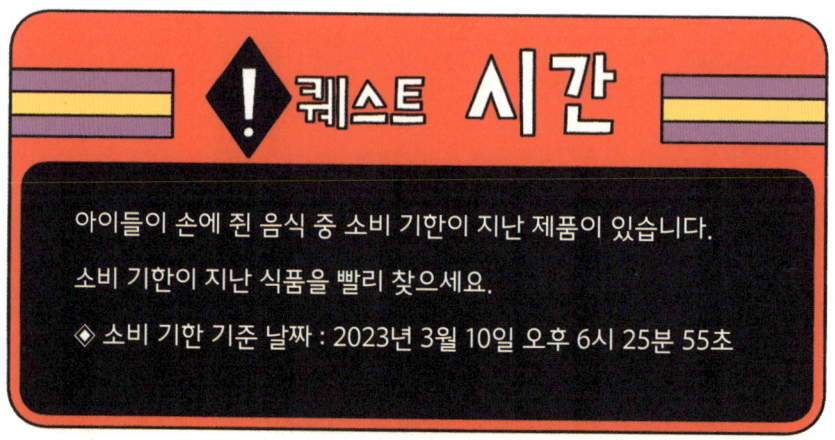

"휴, 다행이다. 퀘스트를 해결하면 아이들이 움직일 수 있나 봐."

"이 아이들도 게임 속 엔피시들이니까 그런가 봐. 누나, 얼른 퀘스트를 해결하자."

보리와 쌀이는 아이들이 가지고 온 햄버거를 살펴봤다. 햄버거 포장지 구석에 각각 생산 날짜와 소비 기한이 쓰여 있었다.

"누나, 우선 치킨 버거 소비 기한부터 계산해 보자."

"시간 계산은 월은 월끼리, 일은 일끼리, 시는 시끼리, 분은 분끼리, 초는 초끼리 계산해야 해."

"남은 기한을 확인하려면 기준 날짜에서 생산 날짜를 빼면 되지?"

"그렇지! 쌀이 좀 하는데? 그럼 치킨 버거부터 계산해 봐."

기준 날짜 2023년 3월 10일 오후 6시 25분 55초
− 생산 날짜 2023년 3월   9일 오전 6시 25분 30초

세로 셈을 쓰던 쌀이가 고개를 갸우뚱거리며 물었다.

"누나, 근데 오후에서 오전을 어떻게 빼?"

"그건 오전 오후를 숫자로 바꾸면 돼! 오후는 시간에다가 12시간을 더하면 되니까 오후 6시면 18시로 바꿀 수 있지."

"그럼 기준 날짜에서 생산 날짜를 빼면, 짠! 이렇게 되네."

기준 날짜 2023년 3월 10일 18시 25분 55초
− 생산 날짜 2023년 3월   9일 6시 25분 30초
─────────────────────────────
                    1일 12시 0분 25초

"생산한 날짜에서 1일 12시간 0분 25초 지났네! 치킨 버거 소비 기한은 2일이니까 아직 시간이 남았어! 그다음 불고기 버거를 계산해 볼까?"

기준 날짜 2023년 3월 10일 18시 25분 25초
− 생산 날짜 2023년 3월 8일 17시 35분 25초
───────────────────────────────
2일 0시 0분 0초

"누나 내가 계산해 보니까 생산 날짜로부터 2일 0시 0분 0초가 지났어. 아직 2일을 넘지 않았기 때문에 불고기 버거는 괜찮아!"

"어라? 뭔가 계산이 이상한데?"

쌀이가 계산한 셈을 살펴본 보리가 쌀이에게 꿀밤을 먹였다.

"계산이 잘못됐잖아. 시간 계산할 때 받아 내림을 어떻게 했어?"

"응? 일반 받아 내림처럼 18시에서 10 받아 내림했는데……."

"물론 시간에서도 큰 수에서 작은 수를 뺄 때는 받아 내림을 해야 하는 것은 맞아. 하지만 일반 십진법 숫자처럼 10을 받아 내리면 안 돼! 1일은 24시간, 1시간은 60분, 1분은 60초니까 시간에서 1시간을 받아 내림해서 분으로 바뀌면 60분으로 받아 내림했어야지!"

"아하! 맞다, 그렇지. 미안…… 내가 실수했어."

$$
\begin{array}{r}
1760 \\
\text{기준 날짜 } 2023\text{년 } 3\text{월 } 10\text{일 } 18\text{시 } 25\text{분 } 25\text{초} \\
17\text{시 } 85\text{분 } 25\text{초} \\
-\ \text{생산 날짜 } 2023\text{년 } 3\text{월 } 8\text{일 } 17\text{시 } 35\text{분 } 25\text{초} \\
\hline
2\text{일 } 0\text{시 } 50\text{분 } 0\text{초}
\end{array}
$$

"불고기 버거는 생산 날짜로부터 이틀 하고 50분이 지났어. 그런데 불고기 버거는 소비할 수 있는 기한이 2일밖에 안 돼. 불고기 버거는 소비 기한이 지난 음식이야."

"누나, 마지막 치즈 버거는 내가 계산할게!"

$$
\begin{array}{r}
\text{기준 날짜 } 2023\text{년 } 3\text{월 } 10\text{일 } 18\text{시 } 25\text{분 } 25\text{초} \\
-\ \text{생산 날짜 } 2023\text{년 } 3\text{월 } 9\text{일 } 16\text{시 } 15\text{분 } 20\text{초} \\
\hline
1\text{일 } 2\text{시 } 10\text{분 } 5\text{초}
\end{array}
$$

쌀이가 세로 셈을 써냈다. 1일 2시 10분 5초가 나왔다.

"좋아! 소비 기한이 48시간이야. 하루가 24시간이니까 48시간은 이틀이네! 소비 기한이 아직 남았어. 그럼 소비 기한이 지난 식품은 불고기 버거밖에 없어."

보리와 쌀이는 불고기 버거를 계산대로 가져와 '반품'을 누르고 바코드를 다시 찍었다.

그 순간 퀘스트 성공을 알리는 메시지 알림음이 울렸다.

> **퀘스트 성공!**
> 시간 아이템과 10포인트를 획득했습니다.

자물쇠 시간 조각에 색이 채워지자, 돌덩이처럼 멈춰 있던 아이들이 활성화되었다. 아이들은 아무것도 기억을 못 하는 듯 재잘재잘 떠들며 햄버거를 먹었다. 보리는 입맛을 다시며 생각했다.

'맛있겠다······.'

편의점 속 개념 수학

시간에 대해 알아볼까?

시각은 시곗바늘이 가리키는 때를 말하고, 시간은 어떤 시각과 시각까지의 사이 또는 때의 흐름을 말해. 시간은 시, 분, 초 등의 단위가 있어. 좀 더 자세히 알아볼까?

시계에는 짧고 굵은 바늘과 얇고 긴 바늘 그리고 아주 가느다란 바늘이 있어. 짧은바늘은 시침, 얇고 긴바늘은 분침, 아주 가느다란 바늘은 초침이야. 시계에는 작은 눈금이 60개가 있고 작은 눈금 다섯 개마다 1에서부터 12까지 숫자가 적혀 있어. 초침이 작은 눈금 한 칸을 지나면 1초, 분침이 작은 눈금 한 칸을 지나면 1분이야. 시침은 시간을 가리키기 때문에, 시침이 가리키는 숫자가 바로 '현재 시'야. 예를 들어 시침이 시계의 숫자 1과 2 사이를 가리키고 있다면 한 시를 의미해. 그리고 60초는 1분이고, 60분은 한 시간이야.

그렇다면 하루는 몇 시간일까? 하루는 한낮과 한밤이 지나는 동안을 말하는데, 대개 밤 12시인 자정에서 다음 날 밤 자정까지를 말해. 이때 짧은바늘이 처음으로 한 바퀴를 도는 밤 12시에서 낮 12시까지를 오전, 그다음 한 바퀴를 도는 낮 12시에서 밤 12시까지를 오후라고 해. 하루가 되려면 짧은바늘이 12시까지 두 바퀴 도니까 하루는 총 24시간이 되는 거야.

그런데 한 가지 궁금한 점이 또 생기지 않니? 바로 1년은 며칠일지 궁금하지? 달력을 한 장씩 넘겨 봐. 1월부터 12월까지 1년은 모두 12개월이야.

좀 더 자세히 살펴보면 1월부터 12월 중 날수가 30일인 달도 있고 31일인 달도 있어. 또 2월은 28일이나 29일이야. 그래서 보통 1년을 365일이라고 말해. 1년은 왜 365일일까? 우리가 말하는 1년의 길이는 지구가 태양 주변을 한 바퀴 돌아 다시 그 자리로 오는 데 걸리는 시간이야. 지구가 태양 주변을 돌아 다시 그 자리로 돌아오는 것을 1태양년, 즉 공전 주기라고 해. 공전 주기는 주변 행성의 영향을 받아서 항상 똑같지는 않고 조금씩 달라져. 우리가 보통 1년이라고 하면 지구 공전 주기의 평균을 계산한 값이야. 지구의 공전 주기는 평균적으로 365.2422야. 그래서 우리는 1년을 대략 365일이라고 정의하게 되었지.

편의점 속 수학 돋보기

유통 기한과 소비 기한

유통 기한이란, 해당 식품을 소비자에게 팔 수 있는 법적 시간을 말해. 이 날짜가 지나면 상품을 판매하는 것이 금지되어 있어. 하지만 유통 기한 전에 구매해서 집에서 보관했다면 소비 기한 내에 먹어도 괜찮아. 소비 기한이란, 음식을 먹어도 이상이 없을 것으로 예상되는 기한을 말해. 소비 기한의 60~70% 선에서 유통 기한이 결정되기 때문에 소비 기한보다 유통 기한이 더 짧아. 따라서 유통 기한이 지나도 일정 기간 이후까지는 섭취할 수 있지. 우유는 특히 유통 기한이 짧은데, 개봉하지 않고 냉장 보관했다면 유통 기한 이후 45일 정도까지는 마실 수 있어. 단, 냉장 보관을 하지 않았다면 유통 기한 이내라도 우유가 상할 수 있다는 사실을 꼭 기억해야 해!

2023년 1월 1일부터는 유통 기한 표시제가 소비 기한 표시제로 바뀌었어. 그래서 유통 기한으로 표시될 때보다 상품에 표시되는 기간이 조금 길어졌지. 소비 기한 표시제가 시행되면 먹을 수 있는 기한이 더 분명히 정해져서 버려지는 음식물 쓰레기 양도 줄어들 수 있을 거라고 예상해. 음식물 쓰레기가 줄면 음식물 쓰레기를 처리하는 사회적 비용을 줄이고 자원 낭비와 온실가스 배출도 감소해 환경 오염을 막는 효과까지 거둘 수 있지.

재미있는 수학 이야기

 **지구 종말까지 얼마나 남았을까?**

지구 종말에 대해 생각 본 적 있어? 베나레스(오늘날 베트남 하노이 지역)의 한 사원에는 고대인이 지구 종말에 대해 예언한 내용이 있어. 이 사원 안에 하노이 탑이라고 불리는 탑이 있었는데, 이 탑에는 구멍이 뚫린 순금 원판 예순네 개와 다이아몬드 기둥 세 개가 있어. 예언에 따르면 크기가 큰 것부터 작은 순서대로 쌓아 올린 원판 예순네 개를 다른 기둥으로 원판 예순네 개가 모두 옮겨지면, 지구에 있는 모든 것이 먼지가 되어 사라진다고 해. 단, 그냥 옮기는 것이 아니라 규칙이 있어. 첫

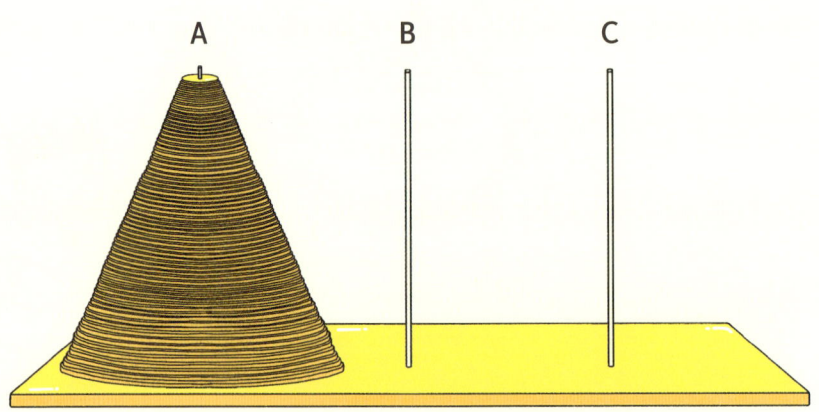

번째 규칙은 원판을 한 번에 하나씩만 옮길 수 있고, 두 번째 규칙은 작은 원판 위에 큰 원판을 올려놓으면 안 된다는 거야. 조건을 만족시키면서 원판을 옮겨 보면 지구의 종말이 얼마 남았는지 알 수 있겠지?

수학자들이 직접 계산해 봤어. 기둥 세 개를 각각 ABC라고 할 때 원판이 한 개라면 A 기둥에서 C 기둥으로 옮기는 데 한 번만 움직이면 돼. 원판이 두 개면 우선 A 기둥의 첫 번째 작은 원판을 먼저 B 기둥으로 옮기고, 그다음 A 기둥에 있던 두 번째 원판을 C 기둥으로 옮겨야 해. 그리고 B 기둥에 있던 첫 번째 원판을 C 기둥으로 옮기면 원판이 완전히 C 기둥에 옮겨져. 그렇다면 총 세 번 움직이면 돼. 원판의 개수가 늘어나니까 복잡해지지?

원판의 수	움직인 횟수와 규칙			
1	1	=1	=2-1	=2^1-1
2	3	=1+1+1	=2×2-1	=2^2-1
3	7	=3+1+3	=2×2×2-1	=2^3-1
4	15	=7+1+7	=2×2×2×2-1	=2^4-1

여기에는 규칙이 숨겨져 있어. 원판 개수를 하나씩 계속 늘리다 보니, n개 원판의 최소 이동 횟수는 2^n-1이라는 규칙이 있다는 것을 발견했지. 그러니까 64개의 원판을 이동하는 데 필요한 횟수는 2^{64}-1이야.

하나의 원판을 이동하는 데 일 초가 걸린다고 가정하면, 예순네 개의 원판에 대한 최소 이동 횟수에 걸리는 시간은 $2^{64}-1$초가 걸리지. 이를 계산하면 약 5,849억 년! 계산대로라면 지구 종말까지 5,849억 년 정도가 남았어. 하지만 5,849억 년이라는 햇수는 과학적으로 추정되는 태양의 남은 수명보다도 더 긴 기간이야. 따라서 실제로 원반을 다 옮기는 때가 오면 태양도 사라지고 지구도 이미 종말을 맞았을 거라는 사실! 재밌지?

시간의 TMI

정보 한 개

시계는 왜 동그란 모양일까? 시계가 없었을 때, 태양의 움직임을 보고 시간을 짐작했어. 태양이 동쪽 하늘에서 떠 둥글게 원을 그리며 서쪽 하늘로 사라지는 것을 본떠 동그란 모양의 해시계를 만든 거야. 해시계의 동그란 모양이 지금까지 이어져서 지금도 '시계'라고 하면 대부분 동그란 모양을 떠올리게 된단다.

정보 두 개

나라마다 시각이 왜 다를까? 지구가 하루에 한 바퀴 스스로 회전(자전)하는 데 걸리는 시간은 24시간이고 이를 하루라고 해. 지구가 서쪽에서 동쪽으로 자전하면 태양은 동쪽 지역이 더 빨리 뜨겠지? 그래서 각 지역마다 시간 차이가 날 수밖에 없어. 예를 들어 서울이 오후 5시 24분(17시 24분)일 때, 서울보다 14시간 늦은 미국의 보스턴은 오전 3시 24분(03시 24분)이야. 이렇게 나라마다 시간 차이가 생기는 것을 '시차'라고 해.

정보 세 개

육십갑자란 무엇일까? 갑오년, 병자년이라는 용어를 역사 시간에 들어 본 적 있지? 이는 시간을 나타내는 표현으로 육십갑자라고 해. 우리나라는 조선 시대 때 육십갑자를 이용해서 년(年)을 표현했지. 육십갑자란, 하늘의 시간을 열 개로 나타낸 '십간'과 땅을 지키는 열두 종의 동물인 '십이지'를 순서대로 조합하여 만든 글자인 간지 60개를 말해. 간지는 십간의 '갑 을 병 정 무 기 경 신 임 계' 열 개 글자와, 십이지라는 '자 축 인 묘 진 사 오 미 신 유 술 해'의 십이지 열두 개 글자가 톱니바퀴 순서대로 맞물려 짝을 지어 만들어져. 이렇게 만들어진 글자들은 갑자, 을축, 병인, 정묘, 무진 등으로 10과 12의 최소 공배수인 총 60개야. 이 60개의 글자를 육십갑자라고 하지. 요즘에는 양력을 주로 사용하지만 아직도 관습적으로 육십갑자를 사용해 연도를 나타내기도 해.

여섯 번째

변덕쟁이 손님의 택배 보내기

무게

로딩중

따로롱 소리와 함께 엔피시 택배 기사 아저씨가 상자를 한가득 들고 계산대 쪽에 나타났다.

"오늘 미스터리 편의점으로 도착한 택배입니다."

택배 기사 아저씨는 상자만 놓고 사라져 버렸다.

"택배가 왜 편의점으로 오지?"

"요즘은 편의점에서도 택배 서비스를 하잖아. 반값 택배라고 해서 싼 가격으로 집 주변 편의점에서 택배를 받아 가는 서비스야."

"그렇구나. 누나, 근데 택배 상자를 다른 데로 치워야겠어. 계산하는 데 방해되니까."

쌀이가 낑낑대며 상자를 들어 옮기고 나서 엄살을 부렸다.

"누나, 택배 상자 진짜 무거워. 10kg은 나가는 것 같아."

"에이, 설마! 무슨 택배 무게가 10kg까지 나가겠어?"

"진짜라니까! 저울로 재서 확인해 볼래?"

쌀이는 상자를 들고 편의점 안쪽 전자저울로 가져갔다.

"자, 어디 상자 무게가 얼마나 되는지 볼까?"

화면에 2.3kg이라는 표시가 뜨자 보리가 혀를 끌끌 찼다.

"10kg은 무슨! 2.3kg밖에 안 나가잖아."

"이상하다. 진짜 무거웠는데. 이 저울 고장 난 것 아니야?"

그때 띠로롱 소리가 나면서 아저씨와 남자아이 엔피시가 계산대 쪽에 나타났다.

"여기 택배 보낼 수 있죠?"

보리가 고개를 끄덕이자 아저씨가 아이를 보며 말했다.

"이 상자에 간식을 담으렴. 포장해서 택배로 보내자."

"네, 아빠!"

그 순간, 보리와 쌀이에게 메시지가 도착했다.

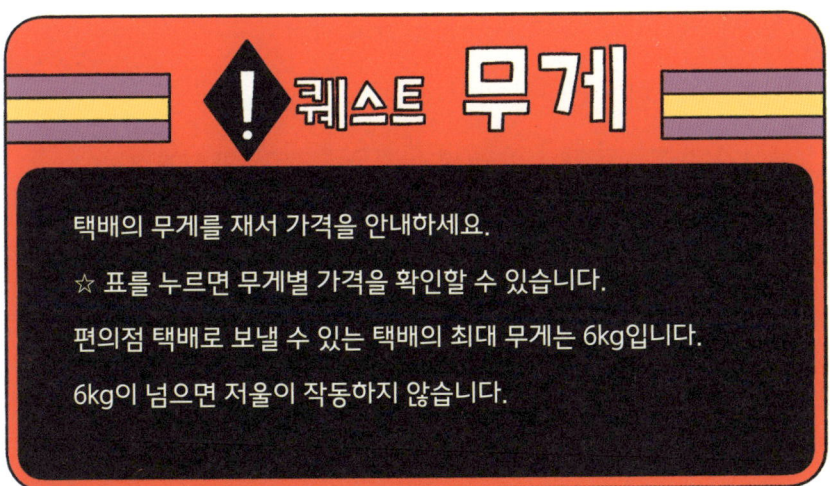

퀘스트 무게

택배의 무게를 재서 가격을 안내하세요.
☆ 표를 누르면 무게별 가격을 확인할 수 있습니다.
편의점 택배로 보낼 수 있는 택배의 최대 무게는 6kg입니다.
6kg이 넘으면 저울이 작동하지 않습니다.

"무게는 저울로 재면 되잖아. 누나, 이 퀘스트는 쉬울 것 같아."

그때 아저씨가 과자와 주스 묶음이 담긴 상자를 가져와서 저울 위에 올렸다. 그러자 화면에 2.9kg이라고 떴다. 보리는 재빨리 휴대 전화의 ☆을 눌러 무게별 가격표를 확인했다.

무게	0g~350g	350g~500g	500g~700g	700g~1kg
가격	1,500원	2,000원	3,000원	3,500원
무게	1kg~2kg	2kg~3kg	3kg~4kg	4kg~5kg
가격	4,000원	4,500원	5,000원	5,500원

"2.9kg이면 2kg이랑 3kg 사이니까…… 4,500원입니다."

그런데 아이가 손에 콜라 묶음을 들고 나타났다.

"아빠, 주스 빼고 콜라로 바꿀래요!"

아이가 주스를 콜라로 바꿔 넣자 저울에 3.4kg 표시가 떴다.

"3.4kg이면 3kg~4kg 사이니까, 5,000원입니다."

아이가 다시 과자를 빼고 주스 묶음을 넣자 저울에 4.5kg이 떴다.

"4.5kg은 4kg~5kg 사이니까 5,500원이네요."

손님이 자꾸 이랬다저랬다 변덕을 부리자 보리는 슬슬 기분이 안 좋아지기 시작했다.

"그냥 과자도 같이 살래요!"

아이는 과자 묶음을 다시 상자에 넣었다. 쌀이가 걱정스러운 듯 보리에게 말했다.

"누나, 최대 6kg까지 택배로 보낼 수 있다고 했잖아. 주스 묶음이랑 콜라 묶음 무게가 4.5kg인데 거기다 또 과자 묶음을 넣으면 6kg이 넘지 않을까?"

아이가 물건을 상자에 올려놓은 순간 모니터에 '고장' 표시가 뜨더니 전자저울이 먹통이 되어 버렸다. 보리가 화를 참지 못하고 주먹을 불끈 쥐자, 쌀이가 보리 옆구리를 쿡쿡 치며 속삭였다.

"누나! 참아, 참아. 손님한테 화내면 안 돼."

"저울을 망가뜨렸잖아. 무게를 모르면 퀘스트를 못 푸는데!"

"아냐, 저울 없이도 과자 무게를 알 수 있어."

"설마 너 아까처럼 어림하려는 건 아니지?"

"아니야! 당연히 수학을 이용해야지!"

쌀이는 종이에 지금까지 쟀던 무게들을 적었다.

"우선 과자 묶음이랑 주스 묶음 무게를 더한 2.9kg과, 과자 묶음이랑 콜라 묶음을 더한 무게 3.4kg을 합해야 해. 무게의 합과 차를 구할 때는 kg은 kg끼리, g은 g끼리 단위를 맞추어 계산해야 하니까 2.9kg을 kg과 g로 환산하면 2kg 900g이고, 3.4kg은 3kg 400g이군."

쌀이는 kg는 kg끼리 g는 g끼리 단위를 맞춰 더했다.

"g끼리 더한 값이 1,000g이 넘으면 1,000g을 1kg으로 받아 올림해야 해. 알지?"

"응, 누나. 시간 계산할 때도 그랬잖아. 그럼 받아 올림 해서 계산하면 총 6kg 300g이네."

보리가 심각한 표정으로 말했다.

"음… 6kg 300g은 과자 무게가 아니라 과자 묶음 두 개랑 콜라 묶음, 주스 묶음 무게의 합이잖아. 이제 어떻게 하려고?"

"아까 쟀던 콜라 묶음이랑 주스 묶음 무게의 합이 4.5kg이잖아. 그러니까 과자 묶음 두 개랑 주스 묶음 콜라 묶음 무게의 합인 6.3kg에서 이걸 빼야지."

"그래, 그럼 6kg 300g에서 4kg 500g을 빼야겠네. 근데 이 경우는 300g에서 500g을 뺄 수 없으니까 1kg=1,000g을 이용하여 받아 내림 해서 계산하면 1kg 800g이 나와."

"응! 그럼 과자 묶음 두 개의 무게가 1kg 800g, 즉 1.8kg이잖아. 그럼 과자 묶음 1개의 무게는 900g이지."

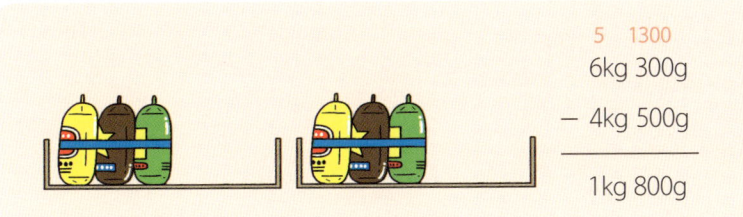

"정말 과자 묶음 무게를 저울 없이 구했네! 너 제법인데?"

보리의 칭찬에 쌀이는 어깨를 으쓱했다.

"콜라와 주스 무게가 4.5kg, 과자는 900g이니까 무게는 5.4kg입니다. 4.5~5kg 구간이 5,500원, 400g 구간이 2,000원이니까 택배 가격은 7,700원입니다. 택배를 보내시겠어요?"

저울도 고장 났는데 아이가 또 변덕을 부리면 퀘스트를 실패할지도 몰라서 쌀이는 마음이 조마조마했다. 아이는 잠시 고민하더니 고개를 끄덕였다.

보리와 쌀이가 포장된 상자에 운송장을 붙여서 바코드를 찍자 메시지 알림이 나타났다.

퀘스트 성공!

무게 아이템과 20포인트를 획득했습니다.

자물쇠의 무게 조각에 색이 들어왔다. 보리가 쌀이의 머리를 쓰다듬으며 말했다.

"우리 쌀이, 이제 제법 수학 문제를 잘 푸는데?"

"하하! 아이가 변덕을 부려서 다행이었어. 이것저것 무게를 잰 덕분에 겨우 계산했으니까. 저울이 고장 나서 무게도 못 달고 퀘스트 실패할까 봐 정말 조마조마했네."

보리와 쌀이는 마주 보고 함박웃음을 지었다.

편의점 속 개념 수학

무게에 대해 알아볼까?

'무게'란, 어떤 물체의 무거운 정도를 말해. 무게의 단위로는 g(그램), kg(킬로그램), t(톤)이 있어. 1,000g은 1kg과 같고, 1,000kg은 1t과 같아. 무게의 단위는 '들이'로도 나타낼 수 있어. 1g은 물 1㎖(밀리리터)의 무게야. 1kg은 물 1ℓ(리터)의 무게이고, 1t은 1,000ℓ의 무게지.

무게 역시 길이나 들이와 마찬가지로 서로 비교할 수도 있고 잴 수도 있어. 무게를 비교할 때는 체중계와 같은 눈금 저울을 이용하거나 양팔 저울을 사용하기도 해. 양팔 저울은 시소와 같은 원리로 작동해. 무거운 쪽은 아래로 내려가고, 가벼운 쪽은 위로 올라가지. 만약 양쪽 무게가 같다면 저울은 수평이 되겠지. 그리고 무게와 들이도 더하고 뺄 수 있어. 단, 같은 단위는 단위끼리 계산해야 해. ℓ는 ℓ끼리, ㎖는 ㎖끼리, kg는 kg끼리, g은 g끼리 계산하는 거야.

편의점 전자저울은 전자기 원리로 정밀한 무게 측정이 가능해. 무게에 따라 가격도 자동으로 표시해 주지.

편의점 속 수학 돋보기

라면이 이렇게 짜다고?

편의점에서 빠질 수 없는 대표적인 먹을거리인 라면에 나트륨이 많이 들어 있다는 사실을 아니? 짠맛을 내는 영양소인 나트륨은 적당히 먹으면 우리 몸의 건강을 유지하는 데 도움을 주지만 너무 많이 먹으면 성인병에 걸릴 수 있어.

라면 한 봉지에는 나트륨이 1,200mg~1,900mg 정도 들어 있어. 여기서 나오는 mg은 무게를 나타내는 단위로, '밀리그램'이라고 읽어. 1,000mg은 1g과 같아. 세계 보건 기구인 WHO가 제시한, 건강을 유지하기 위해 하루에 먹어도 괜찮은 나트륨의 권장량은 청소년을 기준으로 1,500mg 정도야. 하지만 라면에는 나트륨이 많이 들어 있기 때문에 한 봉지만 먹어도 하루에 먹어야 하는 나트륨 양을 훌쩍 넘기 쉬워.

라면 먹을 때 나트륨 섭취를 줄이려면 국물은 되도록 먹지 않는 것이 좋아. 라면에 우유를 반 컵 정도 넣고 끓여서 나트륨 농도를 낮추거나, 나트륨이 몸 밖으로 잘 빠져나가게 돕는 음식인 바나나, 고구마, 양배추 같은 음식을 함께 먹는 것도 도움이 돼.

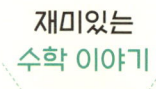

영혼에도 무게가 있을까?

사람들은 오래전부터 몸에 영혼이 있다고 믿었고, 사람이 죽으면 영혼이 빠져나간다고 생각했지. 1907년, 미국 매사추세츠주 헤이브릴 지역의 던킨 맥두걸이라는 의사가 재미있는 실험 연구를 발표했어.

21g실험으로 잘 알려진 이 연구에서 던킨 맥두걸은 영혼의 무게를 재기 위한 실험을 했어. 맥두걸은 만약 영혼이 존재한다면 사망할 때 육체에서 영혼이 빠져나갈 것이고, 질량 보존의 법칙에 따라 육체의 질량 변화를 재어 그 차이만큼이 영혼의 무게라고 판단했지.

맥두걸은 죽음을 앞둔 환자 여섯 명을 대상으로 실험을 했는데, 작은 단위까지 섬세하게 측정이 가능한 저울 위에 올려놓고 무게를 쟀어. 여섯 명의 환자 중 한 사람에게서 흥미로운 결과가 나타났어. 환자의 죽음과 동시에 무게가 21g 정도 줄어든 거야. 이를 근거로 맥두걸은 인간 영혼의 무게가 21g이라고 발표했어. 맥두걸은 개 열다섯 마리를 대상으로도 같은 실험을 했는데, 개들은 사망 후 체중 변화가 없었다고 해. 그래서 맥두걸은 오직 인간만이 영혼을 가진다고 결론지었지.

하지만 맥두걸의 이 실험은 사람들로부터 크게 비판받았어. 실험 자체가 반인류적인 데다가, 피실험자 여섯 명 중 오직 한 사람만 이 가설을 충족했기 때문이야. 사람들은 맥두걸의 실험이 비과학적이라 생각했고 과학계 내에서도 받아들여지지 않았지. 이후 21g실험은 몇 가지 표본으로 임의적 기준을 적용해 전체 통계 분석을 왜곡하는 '선택 편향의 오류'를 대표하는 사례로 널리 알려졌어.

무게의 TMI

정보 한 묶음

우주에 가면 날씬해질 수 있다고? 달에 가면 몸무게가 1/6로 줄어들어. 달은 지구보다 중력이 작거든. 또 중력이 전혀 없는 우주 공간에서는 몸무게가 0이 돼. 중력이 작용하지 않기 때문에 등골을 구성하는 추골과 추골 사이 간격이 늘어나서 우주에 가면 키도 평균 3㎝ 정도 커진다고 해.

정보 두 묶음

고기의 무게를 잴 때 다른 표현을 쓴다고? 정육점에서 g이나 kg 대신 '근'이라는 표현을 들어 본 적 있지? 여기서 말하는 근은 우리나라의 옛 무게 단위야. 우리 조상들은 들이 단위에는 '섬, 말, 되, 홉' 등을 사용했고, 무게 단위로는 '관, 근, 냥, 돈' 등을 사용했어. 그래서 이런 표현들은 전 세계적으로 단위가 ℓ, ㎖, kg, g 등으로 통일된 후에도 아직 우리 생활 곳곳에 남아 있단다.

정보 세 묶음

옛날 사람들은 무게를 어떻게 쟀을까? 화폐가 생기기 전에는 물건의 무게로 가치를 따졌어. 서로 불만 없이 물건을 교환하려면 정확하게 무게를 재는 기구가 필요했지. 옛날에는 대저울, 양팔 저울 등을 사용했어. 대저울은 저울대에 눈금을 매기고 물체의 무게에 따라 추를 이리저리 움직여 평행을 이루었을 때 무게를 알아내는 저울이야. 양팔 저울은 한쪽 접시에 물건을 올린 뒤 양쪽 균형이 맞을 때까지 다른 쪽 접시에 추를 올려 무게를 재. 따라서 양팔 저울을 이용할 때는 다양한 무게의 추가 필요해. 이런 불편함 때문에 오늘날에는 양팔 저울을 거의 사용하지 않아. 요즘에는 좀 더 정확한 측정이 가능한 기계식 전자 저울을 많이 사용해.

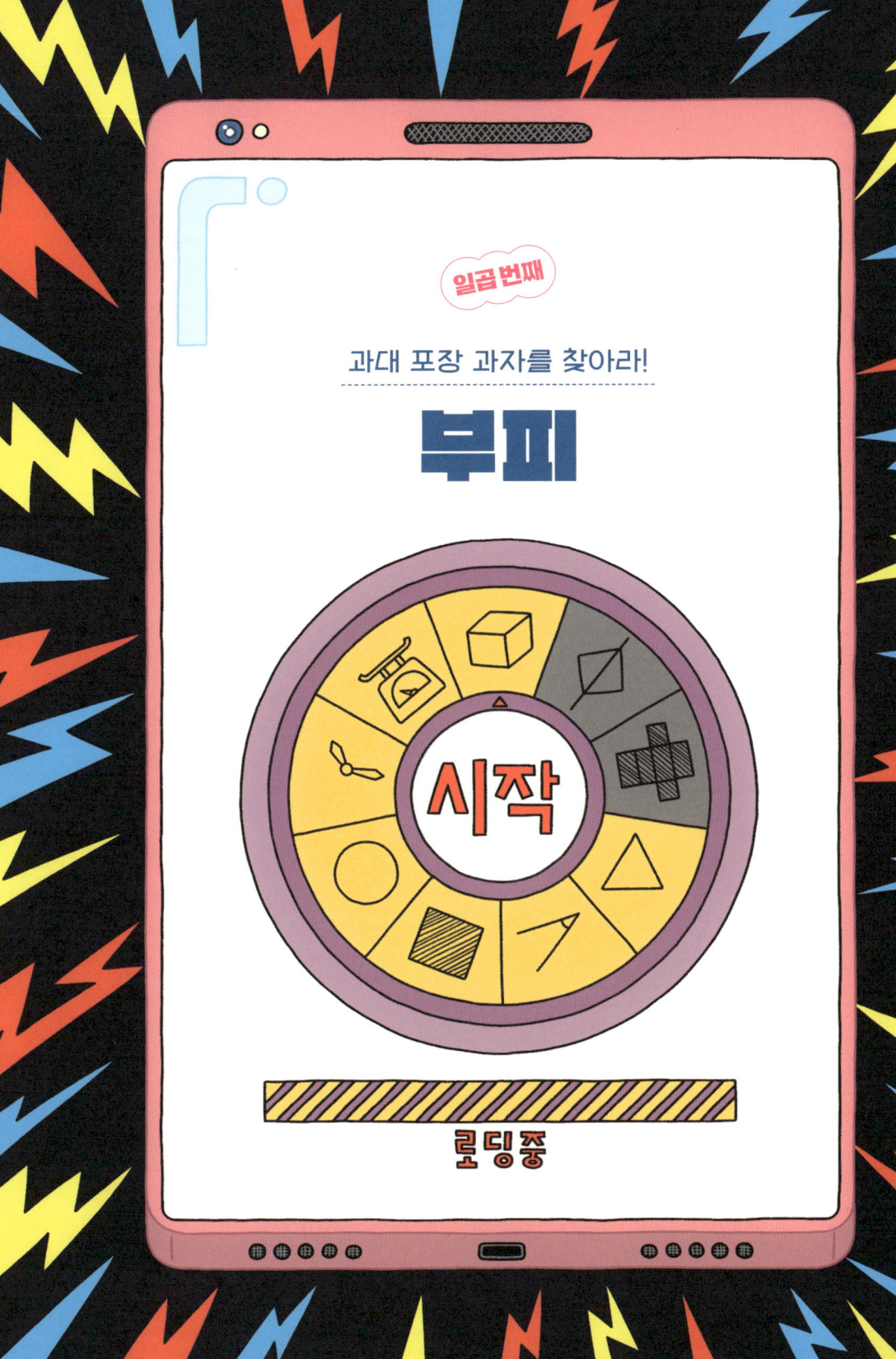

"누나, 나 바삭하고 짭조름한 새우 과자가 먹고 싶어."

"하지만 포인트가 얼마 없잖아."

그때 띠롱 하고 남자아이와 여자아이 엔피시가 나타났다. 여자아이가 말했다.

"오빠, 나 새우 과자 먹고 싶어."

엔피시 남매는 새우 과자가 있는 진열대로 갔다. 과자 진열대에는 다양한 과자가 있었다. 새우 과자, 양파 과자, 초콜릿 과자 등등 하나같이 먹음직스러워 보였다.

여자아이가 과자 봉지들을 하나씩 골라 흔들어 보더니 울 것 같은 표정을 지었다. 남자아이가 물었다.

"왜 그래? 먹고 싶은 게 없어?"

"같은 과자인데 포장이 다 달라. 뭘 골라야 할지 모르겠어."

그때 보리와 쌀이가 남매에게 다가가 말을 걸었다.

"저희가 도와드릴까요?"

"제 동생이 이 과자를 먹고 싶어 하는데 포장이 달라서 뭘 사야 할지 모르겠어요."

그 순간 핸드폰 메시지 알림음이 울렸다.

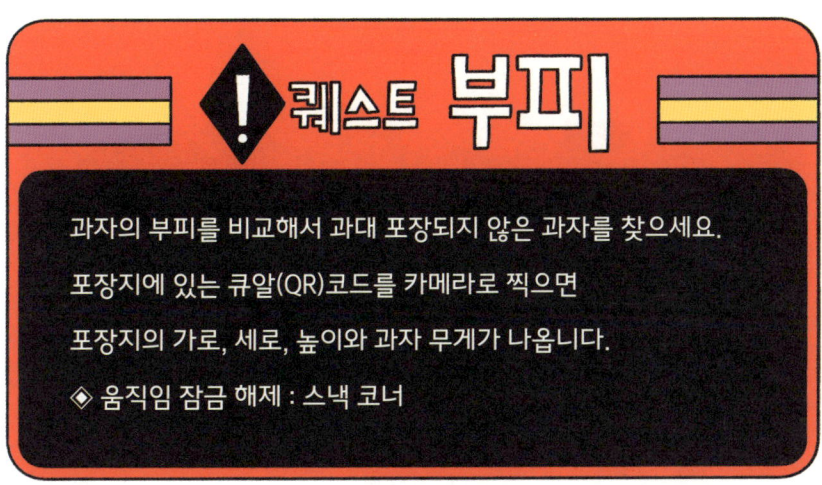

퀘스트가 시작되고 스낵 코너에 불이 들어왔다. 보리와 쌀이는 남매가 고른 과자를 살펴보았다. 같은 과자인데도 하나는 큰 상자 포장이고, 다른 하나는 작은 상자 포장이었다.

쌀이가 과자를 하나씩 들어 보면서 말했다.

"일일이 포장을 열어 볼 수도 없고 과대 포장인 걸 어떻게 찾아?"

"머리를 써야지. 수학적으로 말이야! 포장 부피랑 과자의 무게부터 알아보자. 같은 무게일 때 부피가 크면 과대 포장된 거니까."

보리는 과자 포장지를 살펴봤다. 포장지 한 귀퉁이에 있는 큐 알 코드에 카메라를 가져다 대니 상자 사이즈와 과자 용량이 나타났다.

"다행이다. 상자 과자의 가로, 세로, 높이랑 무게를 알려 줘서."

쌀이가 눈을 반짝거리며 말했다.

"누나, 입체 상자 부피 구하는 공식은 나도 알아! **가로×세로×높이**잖아. 내가 작은 상자의 부피를 구해 볼게. 가로 8㎝, 세로 6㎝, 높이 3㎝니까 8×6×3=144㎤지. 어? 근데 단위가 ㎤인데…… 원래 부피는 ㎖나 ℓ 단위를 쓰잖아."

"부피 단위도 종류가 여러 가지야. 가장 흔하게 쓰이는 단위가 ℓ와 ㎖이고, ㎤도 부피 단위야. 1㎤가 1㎖와 같거든."

"아하, 알겠다. 1㎤=1㎖고, 1,000㎖=1ℓ니까, 1,000㎤=1ℓ겠네!"

쌀이가 뿌듯한 표정으로 보리를 쳐다보자 보리가 손뼉을 짝짝 쳤다. 우쭐해진 쌀이가 어깨를 들썩이며 말했다.

"에헴! 그럼 큰 상자 부피도 구해 볼게. 큰 상자는 가로 12㎝, 세로 12㎝, 높이 3㎝니까 부피는 12×12×3=432㎤야."

"잘했어. 그럼 뭐가 과대 포장인지 비교해 보자. 우선 1g당 부피가 얼마인지 계산해야 해."

"그럼 작은 포장은 무게 45g에 부피가 144㎤니까, 무게 1g당 부피가 3.2㎤네."

"맞아. 큰 포장은 무게 180g에 부피가 432㎤니까, 무게 1g당 부피가 2.4㎤지. 그러니까 작은 상자 포장이 무게와 비교해서 부피가 더 크니까 과대 포장된 거야."

보리와 쌀이는 과대 포장이 아닌 과자를 골라서 바코드를 찍었다. 계산이 끝나자마자 여자아이가 과자 포장을 뜯어서 먹더니 갑자기 기침을 심하게 하기 시작했다.

"캑, 캑!"

그때 휴대 전화 메시지가 다시 울렸다.

"이게 뭐야? 아이를 구하려면 선택 퀘스트를 풀라고? 얼른 예를 누르자!"

"잠깐만, 누나! 10포인트나 사용해야 한다는데?"

"야! 지금 포인트가 문제야? 애가 새파랗게 질렸잖아! 일단 사람 먼저 구하고 봐야지!"

보리는 서둘러 '예' 버튼을 눌렀다.

> ## 선택 퀘스트 부피
>
> 우유 140㎖를 손님에게 제공하세요.
> 계산대 안쪽에 있는 만능 자와 종이컵 아이템을 사용하세요.
> ◆ 움직임 잠금 해제 : 유제품 냉장 코너

보리와 쌀이는 계산대에서 만능 자를 꺼낸 다음 조명 불이 켜진 유제품 코너로 갔다. 유제품 코너에는 200㎖, 190㎖, 300㎖ 등 여러 종류의 우유가 있었다.

"누나, 어떡하지? 140㎖짜리 우유는 없어."

보리가 잠시 생각하더니 냉장고에 있던 200㎖ 우유를 꺼냈다.

보리의 행동에 쌀이는 눈이 휘둥그레졌다.

"누나, 그건 200㎖짜리야!"

"알고 있어! 140㎖짜리 우유가 없으니까 200㎖ 우유를 따라 내고 140㎖ 만큼만 주려고."

"어떻게 140㎖ 만큼만 주려고? 계량컵이 없잖아."

쌀이가 걱정스러운 목소리로 말했다. 보리가 만능 자를 흔들며 말했다.

"이 자만 있으면 돼!"

보리는 우유 곽의 가로, 세로, 높이를 재더니 우유 곽 옆쪽에 표시를 하고 그 높이만큼 남도록 우유를 종이컵에 따라 버렸다.

"뭐 하는 거야! 누나도 버그 걸렸어?"

"아냐! 이거 봐. 부피를 계산해서 140㎖만 남긴 거야. 우유 곽 밑면의 가로와 세로는 같고 높이만 달라졌지? 140㎖만 남게 하려면 우유 곽 밑면 5×4에 높이를 곱해서 140㎤가 나오게 해야 하니까 높이는 7㎝까지만 남기고 버리면 돼."

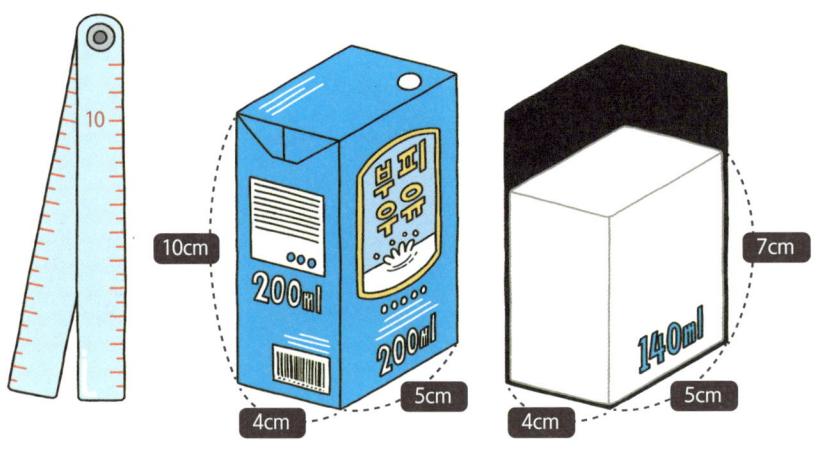

"와, 그렇구나! 누나 정말 천잰데?"

쌀이가 눈을 반짝이며 감탄하는 동안 보리는 서둘러 남은 우유를 여자아이에게 내밀었다. 우유를 마신 아이의 기침이 간신히 멎었다. 오빠 엔피시가 여동생을 대신해 고맙다고 인사를 했다. 그러자 빠밤 소리와 함께 휴대 전화 메시지 알림이 울렸다.

퀘스트 성공!

부피 아이템과 10포인트를 획득했습니다.

어느새 남매는 사라지고, 자물쇠의 일곱 번째 부피 조각에 불이 들어오면서 색깔이 채워졌다.

쌀이가 한숨을 쉬며 말했다.

"갑자기 버그가 생기다니 정말 당황했어."

"게임에 원래 이런 버그가 있었어?"

"아니, 나도 처음 봐. 전에 게임할 땐 이런 버그가 생긴 적이 한 번도 없었거든."

"쌀이야, 우리 무사히 이 게임을 끝낼 수 있을까?"

둘은 걱정스러운 표정으로 서로를 바라보았다.

**편의점 속
개념 수학**

부피에 대해 알아볼까?

부피란, 입체 도형이 공간에서 차지하는 크기를 말해. 부피의 단위에는 cm³(세제곱센티미터)와 m³(세제곱미터)가 있지. 1cm³는 한 모서리의 길이가 1cm인 정육면체의 부피로, '일 세제곱센티미터'라고 읽어. 부피가 1cm³인 정육면체 모양을 단위 부피라 하고 이 단위 부피를 이용한 쌓기 나무를 통해 직육면체의 부피를 구할 수 있어. 하지만 우리는 부피를 나타낼 때 보통 밀리리터(㎖)나 리터(ℓ)를 사용하곤 해. 아까 단위 부피 1cm³는 한 모서리 길이가 1cm인 정육면체의 부피라고 했지? 1cm³=1㎖야. 그리고 1,000㎖=1ℓ이기 때문에 1,000cm³=1ℓ가 돼.

부피를 구하는 방법도 알아볼까? 아까 부피의 기본 단위 1cm³는 한 모서리의 길이가 1cm인 정육면체의 부피라고 했지? 이 단위 부피를 이용해 부피를 구할 수 있어. 먼저 135쪽 아래 그림과 같이 밑면의 가로, 세로, 높이가 각각 2cm, 4cm, 3cm인 직육면체 상자를 부피가 1cm³인 정육면체 모양으로 자른다고 생각해 봐. 그러면 부피가 1cm³인 정육면체 여덟 개를 3층으로 쌓은 것과 똑같이 돼. 이 작은 정육면체 개수는 8×3으로 모두 24개야. 그런데 정육면체 하나의 부피가 1cm³라고 했지? 그래서 정육면체 24개로 이뤄진 각기둥 상자의 부피는 24㎤가 되는 거야.

항상 이렇게 부피를 구하려면 번거로우니까 수학자들이 각기둥의 부피 구하는 공식을 간단하게 정리했어. 각기둥의 부피 구하는 공식은 **밑면의 가로×밑면의 세로×각기둥의 높이**, 즉 직육면체의 밑면 넓이에 높이를 곱하면 돼. 직육면체와 정육면체는 사각기둥이므로 모든 각기둥의 부피는 직육면체의 부피와 같은 방법으로 밑면의 넓이에 높이를 곱해 구할 수 있지.

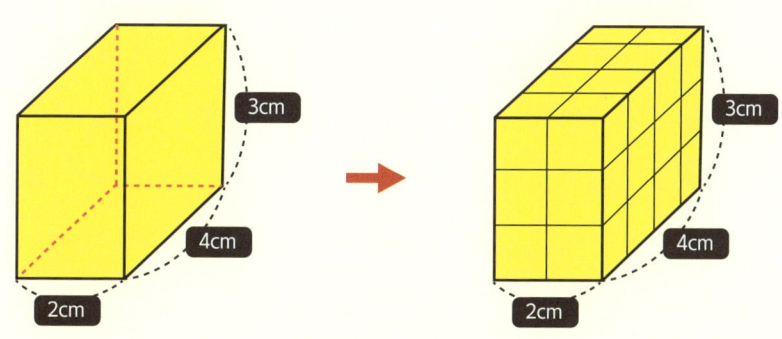

편의점 속 수학 돋보기

봉지 과자의 비밀

편의점에서 과자를 샀는데 봉지를 뜯어 보니 실제로는 과자가 조금밖에 들어 있지 않아서 실망한 적이 있니? 겉 포장과는 다르게 실제 과자의 양이 적게 여겨지는 이유는 바로 질소 기체를 넣어 포장하기 때문이야. 포장할 때 질소 기체를 넣으면 맛을 유지하고, 외부 충격을 받아도 과자가 부서지지 않거든.

최근 질소 기체를 실제 과자 양보다 지나치게 많이 넣어서 과대 포장 문제가 불거졌어. 한 소비자 단체가 과자 포장과 내용물을 비교해 보니 과자 양에 비해 포장지 크기가 최대 다섯 배나 큰 것으로 밝혀졌지. 일반적으로 봉지 과자 포장의 40~50%가 기체라고 해.

그렇다면 봉지 과자의 부피는 어떻게 구할까? 상자 포장은 직육면체 부피를 구하는 공식인 **밑면의 가로×밑면의 세로×각기둥의 높이**를 이용해서 구할 수 있지만, 봉지 과자는 형태가 일정하지 않아서 공식을 적용해 부피를 구하기가 어렵잖아. 봉지 과자의 부피는 다음과 같은 방법으로 구할 수 있어. 눈금 실린더와 작은 플라스틱 구슬을 이용하는 거야. 먼저 빈 과자 봉지에 지름 5.8~6 mm, 무게 0.15g 이하의 플라스틱 구슬을 가득 채워. 그리고 이 구슬을 다시 눈금 실린더에 옮겨 담아서 부피를 측정하는 거야. 어때, 굉장히 간단하지?

1. 빈 과자 봉지에 일정한 크기의 작은 플라스틱 구슬을 가득 채운다.

2. 과자 봉지의 구슬을 눈금 실린더에 옮겨 담아 부피를 측정한다.

재미있는 수학 이야기

두루마리 휴지의 눈속임

갑자기 급한 신호가 와서 화장실로 달려갔는데, 아뿔싸! 두루마리 휴지가 얼마 남지 않았다면? 분명히 많이 남았던 것 같은데 말이야. 거의 다 쓴 두루마리 휴지의 딜레마를 한 번쯤 겪은 적 있지 않니? 이런 착각이 발생하는 이유는 부피에 관한 눈속임 때문이야.

휴지가 반 정도 남았다고 생각할 때는 언제일까? 휴지 지름이 절반 정도 줄어들었을 때 우리는 '휴지가 반쯤 남았구나.' 하고 생각하지. 여기서 착각을 일으키기 쉬워. 지름이 반으로 준 것을, 휴지 용량이 반으로 줄었다는 인식의 오류를 범하는 거야. 잘 이해가 되지 않는다고? 그럼 수학적으로 자세히 알아보자.

지름이 8cm, 높이가 6cm인 두루마리 휴지가 있다고 생각해 봐. (여기서는 간단한 수학적 계산을 위해 휴지 심지 부분을 고려하지 않을게.) 이 두루마리 휴지의 양, 즉 부피는 얼마나 될까? 원기둥의 부피 구하는 공식을 이용하면 **밑면 원의 넓이×원기둥의 높이**이니까, 휴지의 부피는 $4×4×3.14×6=301.44$cm³야. 그렇다면 반쯤 남은 휴지의 높이는 일정하고, 지름이 반으로 줄었으니 반지름도 똑같이 반으로 줄어들겠지? 반지름이 반으로 줄어들었으니 남은 부피를 계산해 볼까? 2×2×3.14×6=75.36㎤네. 어라? 지름이 절반(½) 줄면 부피도 절반이 주는 게 아니라 네 배가 줄었어. 그래서 휴지의 지름이 반으로 줄면 실제 부피는 ¼로 줄어든 거니까, 눈으로 대충 어림짐작해 볼 때보다 휴지가 훨씬 조금 남은 거야.

부피의
TMI

정보 한 팩

토성을 물에 띄울 수 있을까? 부력은 액체나 기체가 물체를 밀어 올리는 힘을 말해. 즉, 지구 중심으로 잡아당기는 힘인 중력을, 중력과 반대 방향으로 작용하는 부력이 버텨 내면서 물체가 액체나 기체에서 뜨는데 이 힘을 부력이라고 하지. 물체에 작용하는 부력이 중력보다 크면 물체가 뜨는데, 배가 물 위에 뜨는 원리도 부력 때문이야. 부피가 커지면 부력도 커져서 이 원리로 토성도 물에 띄울 수 있어. 무게가 지구의 95배인 토성은 공기로 이루어져 있고 부피는 지구의 약 750배나 돼. 크기는 매우 크지만 상대적으로 아주 가볍다는 뜻이지. 따라서 토성은 이론적으로는 물에 둥둥 뜰 수 있어. 하지만 실제로는 물에 띄우기 위해서는 엄청난 양의 물이 필요한데 그건 불가능하겠지.

정보 두 팩

원유는 왜 mL나 L가 아니라 배럴이라는 단위를 사용할까?

옛날에는 물이나 술을 담던 나무통에 원유를 넣어 팔았는데, 그 나무통을 배럴이라고 해. 배럴 한 통은 원유 190ℓ 정도를 담을 수 있는 크기였어. 그런데 배럴에 넣은 원유를 실어 나르는 도중에 증발하거나 밖으로 새는 경우가 많았어. 그래서 배럴에 가득 채운 원유가 목적지에 도착할 즈음에는 159ℓ 정도만 남아 있었다고 해. 이 때문에 159ℓ가 1배럴의 기준이 되었대.

정보 세 팩

옛날에는 어떻게 부피를 측정했을까?

조선 시대 세종 대왕은 박연이라는 신하에게 부피의 기준을 정하도록 명령했어. 박연은 황종관(조선 세종 때 중국의 아악을 정리하기 위해 음률의 기본인 십이율을 정하는 척도로 만들어 쓴 대나무, 구리 따위의 관)을 이용해 기장이라는 곡식 1,200알이 들어가는 관의 부피를 한 작(勺)이라고 정했어. 100작을 한 되, 1,000작은 한 말 등으로 부피 단위를 만들어 곡식, 가루, 액체의 양을 측정하도록 했지.

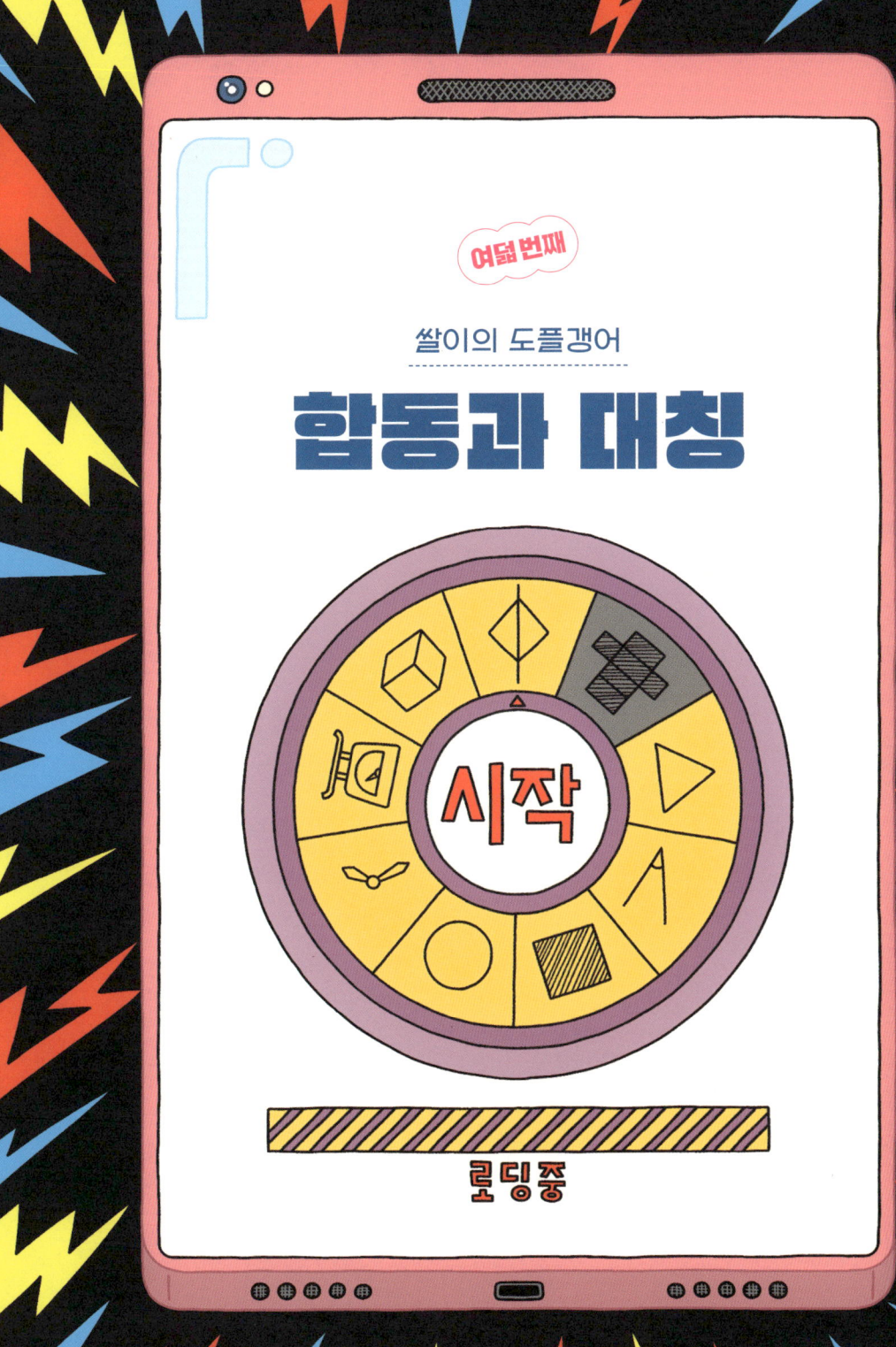

♥

보리는 갑자기 생긴 버그에 대해 골똘히 생각하면서 또 손톱을 물어뜯었다. 손톱 옆 거스러미까지 손으로 뜯어내다가 그만 피가 났다.

"누나! 왼쪽 손가락에서 피가 나! 여기 밴드가 있네. 누나, 피 멎을 때까지 밴드라도 붙이고 있어."

그때 갑자기 편의점 불이 다 꺼지고 주변이 순식간에 깜깜해졌다. 잠시 뒤 다시 불이 켜졌지만 쌀이는 더 놀라고 말았다. 눈앞에 보리가 둘이나 있었기 때문이다. 입은 옷도 똑같고 머리칼을 쓸어 넘기는 버릇까지 똑같았다. 두 보리는 서로를 보며 소리쳤다.

"너, 너는 누구야?"

"나는 이보리인데? 너야말로 누구야?"

당황한 쌀이를 보고 두 보리가 동시에 소리를 질렀다.

"쌀이야, 내가 진짜 보리야!"

"아니야! 내가 진짜 보리라고!"

쌀이는 안절부절못했다.

"누가 진짜인지 모르겠네. 둘 중 하나는 분명 엔피시일텐데."

그 순간 휴대 전화의 알림이 울렸다.

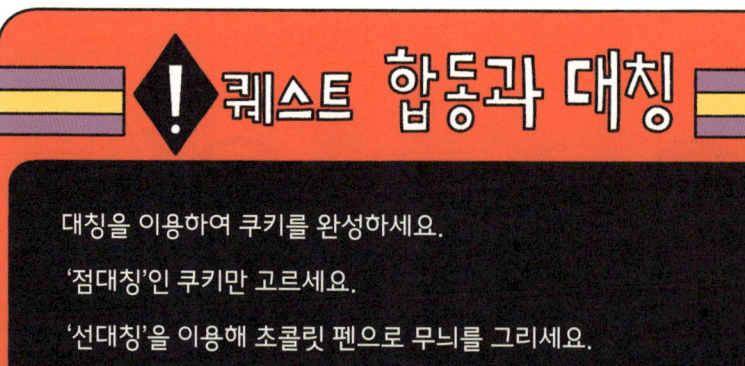

"잠깐만, 누나들! 지금 싸울 때가 아니야! 우선 퀘스트부터 해결하자. 이번 건 시간제한이 있어."

두 보리 중 한 명이 말했다.

"어차피 내가 진짜니까, 싸우느라 시간을 허비할 순 없어."

다른 보리도 지지 않고 받아쳤다.

"그래, 어차피 내가 진짜일 테니 퀘스트부터 해결해 보자."

"근데 둘 다 누나라고 부르면 헷갈리니까 오른쪽 누나는 보리 1,

왼쪽 누나는 보리 2로 부를게. 잘 기억해 둬. 알겠지?"

두 보리가 고개를 끄덕였다. 쌀이가 화면의 퀘스트 시작 버튼을 눌렀다. 쿠키 판매대 쪽에 불이 들어오자마자 보리 둘과 쌀이는 곧장 쿠키 매대로 뛰어갔다.

"누나들, 근데 점대칭 도형이 뭐야?"

보리 1이 재빨리 먼저 쌀이에게 설명했다.

"점대칭은 한 점을 기준으로 180° 돌렸을 때 처음 도형과 완전히 겹쳐지는 도형이지."

"겹쳐져? 돌려? 무슨 말인지 하나도 모르겠어."

이번에는 보리 2가 잽싸게 쌀이에게 말했다.

"이 쿠키를 잘 봐, 쌀이야. 원 모양 쿠키의 가운데 중심을 잡고 180° 돌려 볼게."

보리 2가 원 모양 쿠키의 중심에 한 손가락을 올리고는 쿠키를 180° 돌렸다. 그랬더니 처음 모양과 똑같았다.

"누나, 원이니까 돌려도 모양이 똑같잖아."

"응, 바로 그거야. 점대칭 도형은 180° 회전해도 원래 모양과 똑같은 도형을 말해."

"그럼 180° 돌려 보면 점대칭 도형인지 알 수 있겠네?"

"그렇지!"

　보리 1과 보리 2, 쌀이는 다른 쿠키를 하나씩 잡고 돌려 보았다.

　"누나! 물고기 모양 쿠키는 180° 돌리면 방향이 좌우가 반대로 나오고, 하트 모양 쿠키랑 삼각형 쿠키는 180° 돌리니까 위아래가 반대로 나와. 별 모양 쿠키도 180° 돌렸을 때 위아래가 뒤집혀 나오네. 애들은 점대칭이 아니야."

　"정사각형 쿠키와 원 쿠키는 180° 돌려도 원래 모양과 같으니까, 이 두 개가 점대칭 도형이야."

쌀이가 사각형 쿠키와 원 쿠키를 집어 들자 초콜릿 펜이 나타났다. 초콜릿 펜이 공중에 붕 떠서 저절로 움직이더니 정사각형 쿠키 위에 무늬를 그리기 시작했다. 그런데 쿠키 위에 무늬를 딱 절반만 그리고는 멈춰 버렸다.

쿠키 위에 그려진 무늬를 살펴보던 쌀이가 고개를 갸웃거렸다.
"어? 왜 반만 그리고 마는 걸까?"
보리 1이 냉큼 초콜릿 펜을 집어 들면서 대답했다.
"퀘스트에서 선대칭 도형을 완성하라고 했잖아. 선대칭은 한 직선을 기준으로 포개었을 때 완전히 겹치는 것이니까, 나머지 부분도 똑같은 도형을 그리면 돼. 내가 완성해 볼게. 사이 거리는 만능 자를 이용해서 재야겠다."

보리 2가 보리 1을 말렸다.

"안 돼! 아까 메시지 못 봤어? 만능 자를 쓰려면 10포인트를 사용해야 하잖아. 그냥 대충 비슷하게 그리자!"

"수학에 대충이 어딨어? 정확한 수치로 해야지!"

"포인트를 아껴야 한다니까!"

두 보리는 또 옥신각신했다. 결국 쌀이가 다시 둘을 말리며 말했다.

"그만해 누나들! 이거 수학 퀘스트잖아! 수학은 항상 정확해야 한다고 하지 않았어? 그러니까 만능 자를 사용하자."

쌀이는 휴대 전화를 꺼내 메시지에서 만능 자 구매 버튼을 눌렀다.

보리 1이 만능 자를 들고 자신만만하게 소리쳤다.

"자, 우선 대칭축에서 꼭짓점 a, b, c, d의 거리를 재 봐야겠어."

꼭짓점 a는 대칭축 위에 있고, 꼭짓점 b와 대칭축 사이의 거리는 2㎝, 대칭축에서 꼭짓점 c까지는 5㎝, 대칭축과 꼭짓점 d 사이의 거리는 6㎝가 나왔다.

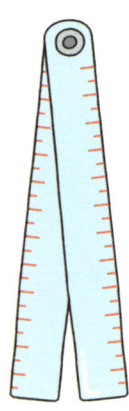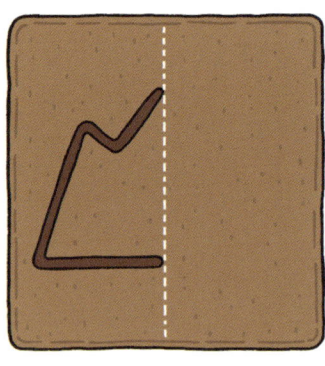

쌀이가 손뼉을 치며 소리쳤다.

"아! 이제 어떻게 하는지 알 것 같아. 대칭축과 꼭짓점 사이의 거리를 알아냈으니까, 대칭축에서 오른쪽편에 대응점 a′, b′, c′, d′를 찍을 수 있겠네!"

보리 1이 고개를 끄덕였다.

"역시 내 동생이라 그런지 나랑 호흡이 척척 맞는구나!"

보리 1은 초콜릿 펜으로 대칭축 위에 있는 꼭짓점 a와 같은 위치에 있는 대응점 a′를 찍고, 꼭짓점 b의 대칭축 오른쪽으로 2㎝ 이동을 한 뒤 대응점 b′를 찍었다. 대칭축에서 오른쪽으로 5㎝ 떨어진 지점에 꼭짓점 c의 대응점 c′를 찍었다. 마지막으로 대칭축에서 6㎝ 부분에 꼭짓점 d의 대응점 d′를 찍었다.

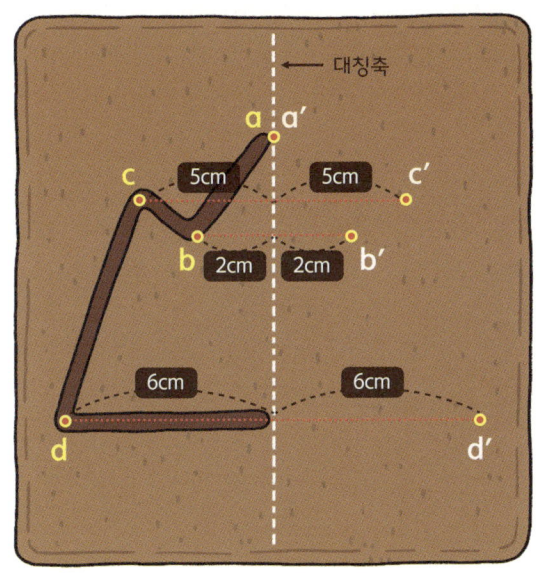

보리 1이 뿌듯한 표정으로 말했다.

"마지막으로 대응점 a′, b′ c′ d′를 서로 잇기만 하면 완성이야!"

그때 보리 2가 갑자기 보리 1의 초콜릿 펜을 낚아챘다.

"뭐 하는 거야?"

"틀렸어! 그렇게 선대칭 도형을 그리는 게 아니야!"

"무슨 소리야! 제대로 그린 거야!"

보리 1과 보리 2는 초콜릿 펜을 두고 다투기 시작했다.

그때 휴대 전화에서 메시지 알림이 울렸다.

쌀이가 깜짝 놀라 휴대 전화의 시간을 보려고 했지만 어째서인지 시간이 표시되지 않았다. 쌀이는 급히 편의점을 둘러보았다. 다행히 벽시계가 걸려 있었는데, 가만 보니 숫자가 이상하게 보였다. 쌀이가 다급하게 두 보리를 불렀지만 둘은 다투느라 쌀이가 부르는 소리를 듣지도 않았다.

"숫자가 뒤집혀 보이네? 아, 그래! 거울에 비춰 보자. 그럼 좌우가 다시 반대로 나올 테니까."

쌀이는 계산대에 있는 탁상 거울을 가져다가 시계 쪽으로 비춰 보았다. 쌀이의 생각대로 거울에 비친 시계 속 숫자가 제대로 보였다.

거울에 비친 시계는 2시 40분을 가리키고 있었다. 쌀이는 두 보리에게 소리를 꽥 질렀다.

"그만 싸워! 제한 시간이 20분밖에 안 남았는데 계속 싸우기만 할 거야?"

그런데 문득 싸우고 있는 보리 2의 손이 쌀이 눈에 띄었다.

"잠깐만! 나, 누가 가짜인지 알았어! 가짜는 바로 너야! 진짜 보리 누나는 아까 왼손을 다쳤는데, 넌 오른손에 밴드를 감았잖아!"

순간 보리 2의 얼굴이 심하게 일그러졌다.

"내 정체를 알아내다니, 대단하군! 난 너희를 편의점 게임 안으로 끌어온 수학 귀신이다! 너희가 퀘스트를 풀게 놔두지 않겠어!"

가짜 보리가 초콜릿 펜을 들고 도망치기 시작했다.

진짜 보리가 가짜 보리를 붙잡고 늘어지자 가짜 보리의 손에서 초콜릿 펜이 떨어졌다. 쌀이는 재빨리 초콜릿 펜을 들고 쿠키 위에 대응점 a′b′c′d′를 선으로 이었다.

순식간에 왕관 모양의 선대칭 도형이 완성되자 휴대 전화 메시지 알림이 울렸다.

퀘스트 성공!

대칭 아이템과 10포인트를 획득했습니다.

자물쇠에 합동과 대칭 조각에 색이 들어오자 화가 잔뜩 난 가짜 보리가 무시무시한 괴물의 모습으로 변했다.

편의점 속
개념 수학

 합동과 대칭에 대해 알아볼까?

　합동이란, 모양과 크기가 같아서 포개었을 때 완전히 겹쳐지는 걸 말해. 합동인 두 도형을 완전히 포개었을 때 겹쳐지는 점을 대응점, 겹쳐지는 변을 대응변, 겹쳐지는 각을 대응각이라고 해. 합동인 도형에서 대응변의 길이는 서로 같고 대응각도 같아.

　대칭은 도형이 점, 선을 기준으로 서로 같은 거리에서 마주 보고 있는 것을 뜻해. 대칭의 종류에는 선대칭, 점대칭이 있어. 선대칭은 한 직선을 따라 접어서 완전히 겹쳐지는 도형을 말해. 데칼코마니를 해 본 적 있니? 도화지를 반으로 접어서 한쪽 면에 물감으로 그림을 그린 다음 도화지를 접었다 펼치면 똑같은 그림이 반대편에 찍히잖아. 데칼코마니는 선대칭이라고 할 수 있지. 선대칭에는 두 종류가 있어. 한 직선을 기준으로 하여 두 도형이 대칭될 때 기준이 되는 직선을 대칭축이라고 하는데, 대칭축이 도형 안에 있으면 선대칭 도형, 도형 밖에 있으면 선대칭 위치에 있는 도형이라고 부르지. 대칭축을 중심으로 양쪽에 있는 도형은 모양과 크기가 같아. 대칭축은 도형에 따라 그 개수가 다른데, 직사각형은 대칭축이 두 개, 정삼각형은 세 개, 정사각형은 네 개야.

즉, 정다각형의 대칭축 개수는 꼭짓점의 개수와 같아. 중점을 기준으로 어느 방향으로 접어도 완전히 겹쳐지는 원은 대칭축이 셀 수 없을 정도로 많지.

점대칭은 한 점을 기준으로 180° 돌렸을 때 처음 도형과 완전히 겹쳐진 것을 말해. 이때 기준이 되는 점을 대칭의 중심이라고 불러. 점대칭 도형에서 대칭의 중심은 하나뿐이야. 대칭의 중심이 도형 바깥에 있으면 점대칭 위치에 있는 도형이라고 하는데, 이때 두 도형의 대응변 길이와 대응각 크기는 서로 같지만 대응변 위치와 대응각 위치는 대칭의 중심을 기준으로 반대 방향에 있어.

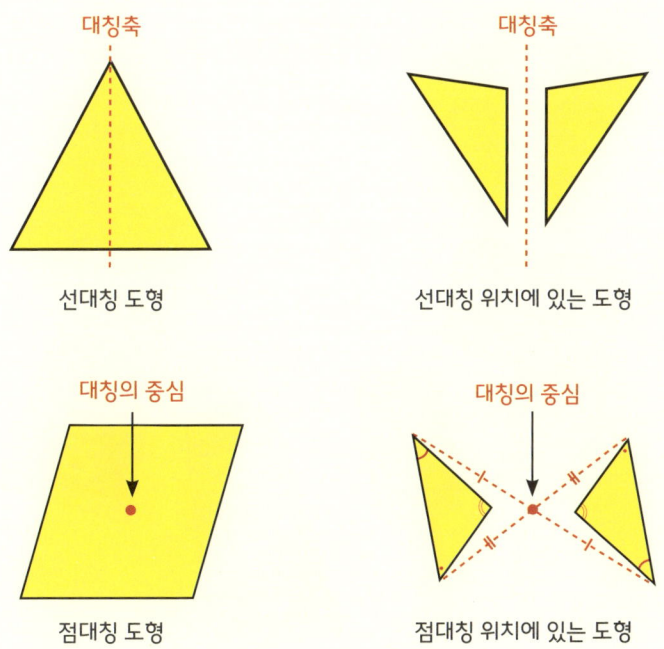

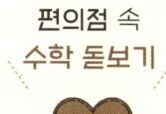

편의점 속
수학 돋보기

반으로 나눠 먹는 아이스크림

똑같이 생긴 아이스크림 두 개가 붙어 있어서 친구랑 하나씩 나눠 먹어 본 적 있니? 그런데 이 아이스크림을 똑같이 나누기가 무척 어려워. 왜 그럴까? 그 이유는 아이스크림이 완전한 대칭을 이루고 있지 않기 때문이야. 기계는 대칭축을 중심으로 똑같은 모양의 아이스크림을 만들지만, 아이스크림이 공장에서 편의점으로 이동하는 과정에서 녹고 얼기를 반복하며 완벽한 대칭이 아니게 되거든. 그래서 아이스크림을 반으로 똑같이 쪼개기가 힘든 거야.

두 얼굴의 글자, 앰비그램

〈천사와 악마〉라는 영화를 보면 일루미나티라는 비밀스러운 조직을 상징하는 신비한 글자가 있어. 아래 그림이 바로 그 문양이야. 이 글자는 바로 읽어도 illuminati(일루미나티)라는 알파벳으로 읽히지만, 문양을 반 바퀴(180°) 돌려 봐도 똑같은 illuminati로 보여.

이렇게 반 바퀴 돌려서 읽어도 똑같은 글씨가 되는 문양을 앰비그램이라고 해. 앰비그램은 양방향을 뜻하는 'Ambi(앰비)'와 그림을 뜻하는 'gram(그램)'이 합쳐진 단어야. 즉, 뒤집어도 똑같이 읽을 수 있는 글자라는 뜻이지.

앰비그램이란 단어는 더글라스 호프스태더라는 유명한 인지 과학자가 친구들과 대화하는 자리에서 만들어졌다고 해. 글자를 뒤집어도 똑같이 읽을 수 있는 이유는 바로 앰비그램이 점대칭 도형이기 때문이야. 점대칭 도형은 180° 돌려서 처음 도형에 포개지는 도형인데, 앰비그램 또한 점대칭이 되도록 글씨 모양을 디자인한 거야. 어때, 앰비그램 만들기에 한번 도전해 볼래?

합동과 대칭의 TMI

정보 한 개

사람은 대칭일까 비대칭일까? 사람의 겉모습은 좌우 대칭을 이루고 있어. 마치 데칼코마니처럼 눈, 콧구멍, 귀, 팔, 다리도 좌우가 같지. 그렇다면 사람은 완전한 대칭일까? 아니야 사람의 몸 안 장기 위치는 비대칭이야. 심장과 위, 비장은 왼쪽에 있고, 간과 맹장은 오른쪽에 치우쳐 있지. 사람의 습관이나 행동은 비대칭을 이루는 경우가 많아. 예를 들어 통계적으로 사람의 90%는 오른손잡이고, 10% 정도는 왼손잡이라고 해.

정보 두 개

자동차 타이어 무늬는 왜 비대칭일까? 자동차 타이어 무늬를 잘 살펴보면 비대칭인 것을 알 수 있어. 타이어 바깥쪽은 자동차가 회전할 때 자동차가 많이 흔들리지 않고 안정적으로 회전할 수 있도록 해. 만약 타이어 무늬가 대칭으로 안쪽과 바깥쪽이 똑같다면 타이어의 마찰도 모두 똑같겠지? 하지만 자동차가 회전할 때 잘 미끄러지지 않으려면 타이어 바깥쪽 마찰이 더 커야 해. 따라서 타이어 안쪽에는 가느다란 무늬를 듬성듬성한 간격으로 넣어서 비교적 마찰이 적게 일어나도록 만든 반면, 바깥쪽에는 무늬를 굵고 빽빽하게 넣어서 타이어 마찰이 커지게 한 거야.

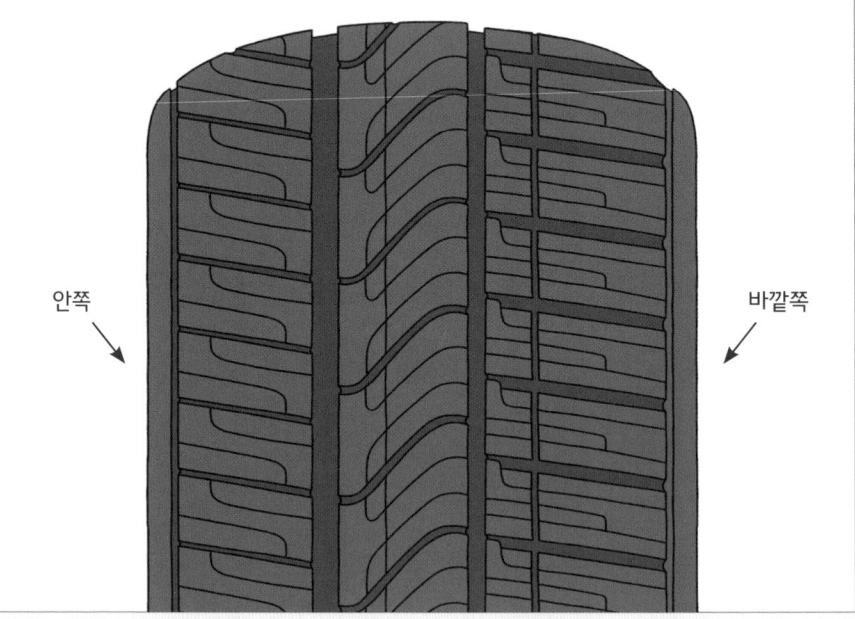
안쪽 　　　　　　　　　　　　　　　　바깥쪽

아홉 번째

묶음 상품을 포장하라!
겉넓이

시작

로딩중

"나는 이 게임의 버그다! 내 목표는 너희가 영원히 게임을 끝내지 못하게 하는 것이지!"

버그 괴물은 편의점 안 물건들을 온통 어질러 놓으며 보리와 쌀이를 향해 달려들었다.

"누나! 저기 물건 창고로 도망가자!"

보리와 쌀이는 겨우 괴물을 따돌리고 창고 안으로 들어가서 문을 잠갔다.

괴물은 문이 부서질 듯 쾅쾅 세게 두드렸다. 보리가 울먹였다.

"어떡하지? 우리 이제 영영 편의점에 갇히는 거야?"

갑자기 쌀이가 뭔가 생각났다는 듯 휴대 전화를 꺼냈다.

"잠깐만, 누나. 아까 버그를 해결한 적 있잖아. 그때처럼 버그 괴물을 막을 방법이 있을지도 몰라!"

보리가 문 앞을 꽉 막고 버티는 동안 쌀이가 '선택 퀘스트'라고 메시지를 보냈다.

"답장이 왔다!"

> 40포인트로 선택 퀘스트를 해결하고 괴물을 봉인할 수 있습니다.
> 선택 퀘스트를 시작하시겠습니까?
>
> **예** **아니오**
>
> 현재 보유 포인트 **40**

"뭐야? 40포인트면 우리가 가진 전부잖아!"

"그렇긴 하지만 버그부터 해결해야지! 잘못되면 우리 영영 편의점에 갇힐 수 있잖아."

버그 괴물이 쿵 쿵 문 두드리는 소리가 점점 더 커졌다. 쌀이는 '예' 버튼을 눌렀다. 그러자 새로운 메시지가 왔다.

선택 퀘스트

창고에 있는 물건인 초콜릿과 과자를 포장하기 위한 알맞은 포장지를 고르세요. 포장지는 보관함 안에 있습니다. 고른 포장지는 사진을 찍어 메시지로 전송하세요.

그 순간 창고 안에 보관함에 불이 들어왔다. 보관함을 열어 보니 모양이 다양한 초콜릿과 과자, 포장지가 들어 있었다. 쌀이는 과자를 보며 감탄했다.

"세상에! 이 과자가 여기에 있다니!"

"그게 뭔데?"

"누나, 이 과자 몰라? 애니메이션 주인공이 엄청 좋아하는 초코 과자잖아! 모양이 특이해서 나도 꼭 먹고 싶었단 말이야!"

"지금 이러고 있을 시간이 없어. 얼른 저 괴물부터 막자."

초코 과자의 윗부분과 아랫부분은 정육각형으로 되어 있고 옆면은 직사각형으로 이루어진 입체 도형이었다.

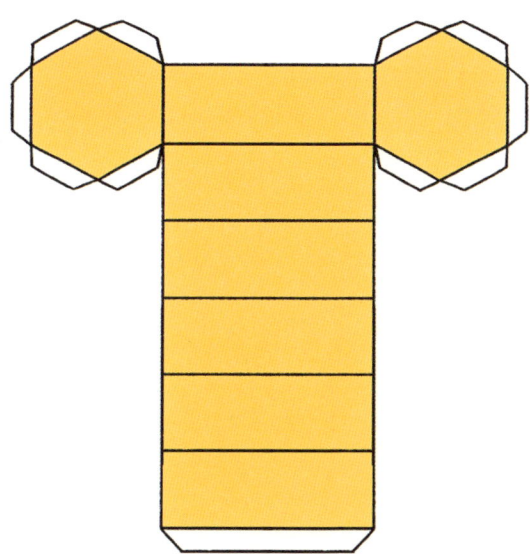

"이 과자 상자는 육각기둥이니까, 육각기둥을 펼친 전개도 모양 포장지를 찾으면 되겠다."

보리는 직사각형 여섯 개가 쭉 이어 붙은 도형의 위와 아래에 각각 정육각형이 붙은 그림의 포장지를 골랐다.

"누나, 이 초콜릿은 모양이 좀 특이하지 않아? 이런 입체 도형은 뭐라고 해?"

쌀이가 가리킨 초콜릿은 일반적인 네모난 초콜릿과는 모양이 좀 특이한 초콜릿이었다.

그 순간, 쾅 소리와 함께 창고 문이 조금 열렸다. 열린 문틈으로 버그 괴물의 손이 쑥 들어왔다. 보리가 재빨리 달려가 문을 막아섰다.

"쌀이야! 내가 막고 있을 테니까, 그 삼각뿔 과자 포장지는 네가 좀 골라!"

"아하, 이런 입체 도형은 삼각뿔이라고 하는구나. 알았어!"

쌀이는 초콜릿을 다시 살펴보았다.

"이 삼각뿔 모양은 전체 면이 모두 삼각형이니까, 전개도에도 삼각형만 있는 걸 고르자."

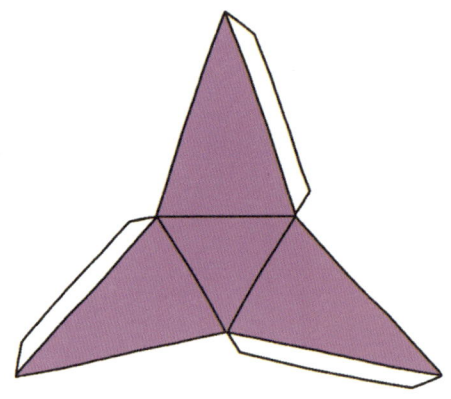

삼각형으로만 된 전개도는 두 종류가 있었는데, 하나는 8면이 삼각형인 전개도이고 다른 하나가 4면의 삼각형으로 된 전개도였다. 쌀이는 네 개 면으로 된 전개도를 집었다.

쌀이는 이 삼각뿔 전개도와, 아까 보리가 고른 포장지를 사진으로 찍어 메시지를 전송했다. 그 순간 빠바밤 소리와 함께 메시지가 왔다.

> **선택 퀘스트 성공!**
> 버그 괴물이 임시 봉인됩니다.

그때 문이 벌컥 열리면서 괴물이 들어왔다. 그러자 보관함에 있던 포장지가 활짝 펼쳐지며 커지더니 괴물의 몸을 휘감아 버렸다.

"으악! 이거 풀어!"

버그 괴물이 포장지에 꽁꽁 묶인 채 움직이지 못했다. 보리와 쌀이는 이때다 싶어 괴물을 창고에 가두고 재빨리 문을 닫았다. 동시에 휴대 전화 알림이 울렸다.

> 오늘은 이벤트 상품을 판매하는 날입니다.
> 이벤트 코너에 진열된 묶음 상품의 겉넓이를 구한 뒤
> 수치를 메시지로 보내고 포장하세요.
> 만능 자를 사용할 수 있습니다.
> 포장지는 계산대 아래에 있습니다.
> ◆ 잠금 해제 : 이벤트 묶음 상품 코너

"괴물은 임시 봉인된 거라니까 금방 풀려날지도 몰라! 얼른 퀘스트를 다 풀자."

보리와 쌀이는 서둘러 불이 들어온 묶음 상품 코너로 달려갔다. 묶음 상품 코너에는 여러 종류의 과자와 식품들이 차곡차곡 쌓여 있었다.

쌀이는 마음이 급해서 포장지로 묶음 상품을 막무가내로 포장하기 시작했다.

"쌀이야, 뭐 하는 거야?"

"누나, 우선 급하니까 포장부터 하고 겉넓이를 구하자."

"안 돼! 그럼 포장지가 부족해질 수도 있잖아. 겉넓이를 먼저 구하자."

"아, 그렇겠구나. 알았어."

"비스킷은 직육면체로 되어 있어. 직육면체는 직사각형 여섯 개 넓이를 합하면 돼. 쌀이 네가 자로 물건 길이를 재서 알려 줘. 그럼 내가 얼른 계산할 테니까."

"비스킷 묶음은 가로가 15㎝에 세로가 16㎝인 직사각형 두 개, 가로가 16㎝에 세로가 8㎝인 직사각형 두 개, 가로가 15㎝에 세로가 8㎝인 직사각형 두 개 해서 직사각형이 총 여섯 개야."

"그럼 (15×16)×2=480㎠, (8×16)×2=256㎠, (8×15)×2=240㎠니까 480+256+240 해서 이 비스킷 묶음의 겉넓이는 976㎠이야."

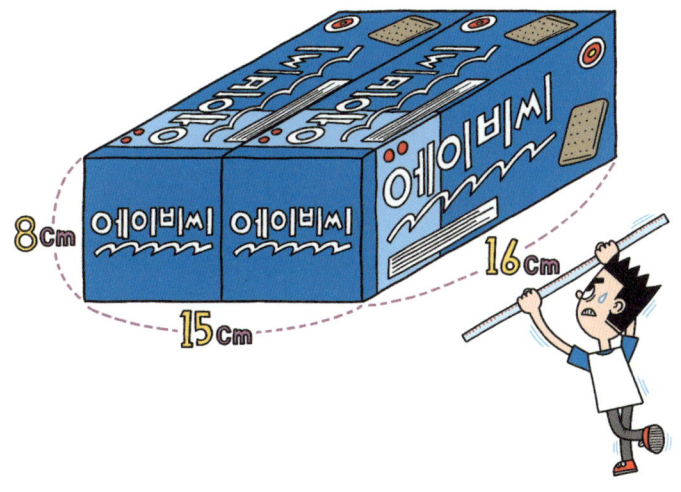

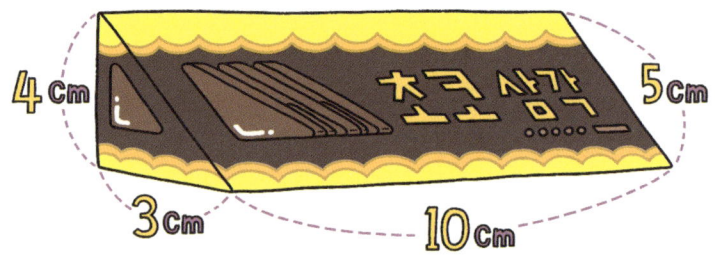

이번에는 쌀이가 초콜릿을 집어 들었다.

"누나, 이 초콜릿 상품은 삼각기둥 모양이니까 윗면과 아랫면 삼각형 두 개랑 옆면 사각형 세 개 넓이를 합하면 되지?"

"그래. 이번에는 네가 계산해 봐."

"좋아! 우선 삼각형 넓이 구하는 공식으로 구해 보면, 밑면3㎝×높이4㎝×½ 해서 삼각형 하나의 넓이는 6㎠가 나와. 이 삼각형이 밑면, 아랫면 두 개니까 12㎠지."

"그럼 옆면 직사각형 넓이는?"

"직사각형은 총 세 개가 있어. 가로가 10㎝, 세로가 5㎝인 직사각형의 넓이는 10×5 해서 50㎠이야. 가로가 10㎝, 세로가 4㎝ 직사각형 넓이는 10×4 해서 40㎠. 가로가 10㎝, 세로가 3㎝인 직사각형 넓이는 10×3 해서 30㎠니까…… 삼각기둥 옆면의 세 직사각형 합은 120㎠. 여기에 윗면과 밑면 삼각형 두 개 합인 12까지 합하면 모두 132㎠!"

그때 창고에 갇힌 괴물이 깨어나는 소리가 들렸다.

"빨리 마지막 퀘스트를 해결하자! 괴물이 풀려나기 전에!"

쌀이는 서둘러 통조림 묶음을 집었다.

"통조림은 원기둥이니까, 겉넓이는 윗면과 밑면 원의 넓이 두 개랑, 옆면 사각형 넓이를 구하면 되겠지? 밑면과 윗면 원의 넓이 구하는 공식은 **반지름×반지름×원주율(3.14)×2**이니까, 4×4×3.14×2=100.48㎠, 이제 옆면은…… 어?"

쌀이는 옆면 넓이를 구하려다가 그만 멈칫했다. 아무리 생각해도 옆면 사각형의 가로 길이를 어떻게 구해야 할지 도통 떠오르지 않았다.

"쌀이야, 빨리 끝내!"

그때 쌀이의 눈에 아까 선택 퀘스트에서 풀었던 포장지 전개도가 떠올랐다. 쌀이는 재빨리 포장지에 원기둥 전개도를 그려 보았다.

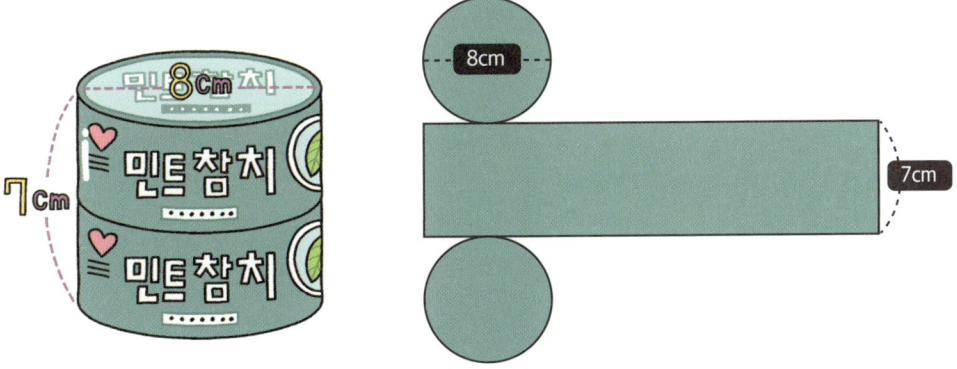

"전개도로 보니 알겠네. 원기둥 옆면 사각형의 가로 길이는 원의 둘레랑 같아! 원의 둘레 공식은 **지름×원주율**이니까 8×3.14=25.12㎝. 직사각형의 가로 길이가 25.12니까 넓이는, 25.12×7=175.84㎠야. 그러니까 원기둥의 겉넓이는 윗면과 아랫면 넓이인 100.48과 옆면 넓이 175.84를 더해서 276.32㎠야!"

보리와 쌀이는 포장지의 총 겉넓이를 메시지로 보냈다. 그랬더니 포장지가 저절로 펼쳐지면서 전개도 모양으로 잘려 저절로 상품에 포장이 되었다. 둘은 서둘러 포장지에 있는 바코드를 찍었다.

그러자 창고문이 부서지면서 괴물이 보리와 쌀이에게 달려오기 시작했다. 보리와 쌀이는 어쩔 줄을 몰랐다. 그때 바코드를 찍는 리더기 총에서 엄청나게 밝은 붉은 빛이 쏟아져 나오기 시작했다.

"누나! 그 리더기 총을 괴물한테 쏴!"

"알았어! 이렇게?"

보리가 리더기 총을 괴물을 향해 쏘자 붉은 레이저 빔이 뿜어져 나와 괴물을 적중시켰다.

"크아악!"

버그 괴물이 순식간에 사라지고 편의점 안도 고요해졌다. 그리고 자물쇠의 마지막 조각이 채워지더니 딸깍 소리가 나면서 편의점 문이 열렸다.

"누나! 드디어 자물쇠가 열렸어!"

"여기서 얼른 나가자! 뛰어!"

겉넓이에 대해 알아볼까?

겉넓이란, 입체 도형을 이루고 있는 모든 면의 넓이 합을 뜻해. 입체 도형의 겉넓이를 구할 때 전개도를 그려 보면 이해하기 쉬워. 다음 직육면체 전개도를 살펴보면서 겉넓이를 구해 볼까?

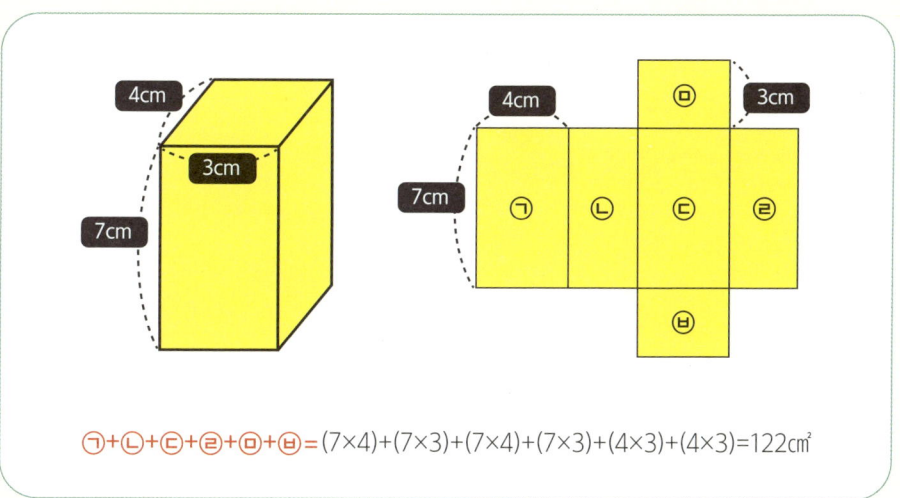

㉠+㉡+㉢+㉣+㉤+㉥=(7×4)+(7×3)+(7×4)+(7×3)+(4×3)+(4×3)=122㎠

직육면체의 겉넓이는 사각형 여섯 개의 넓이를 구해서 전부 더해 주면 돼. 한번 계산해 보자. 이렇게 직육면체 겉넓이를 구하는 방법을 식으로 정리하면 **(한 밑면의 넓이×2)+옆면의 넓이**로 나타낼 수 있어.

삼각기둥도 직육면체와 마찬가지 방법으로 전개도를 이용해서 구하면 돼. 삼각기둥의 전개도는 윗면과 밑면에 있는 삼각형 두 개, 직사각형 세 개로 구성되어 있어. 그러니까 **(한 밑면의 넓이×2)+옆넓**에 해당하는 **사각형 세 개의 넓이**를 구하면 겉넓이를 구할 수 있지.

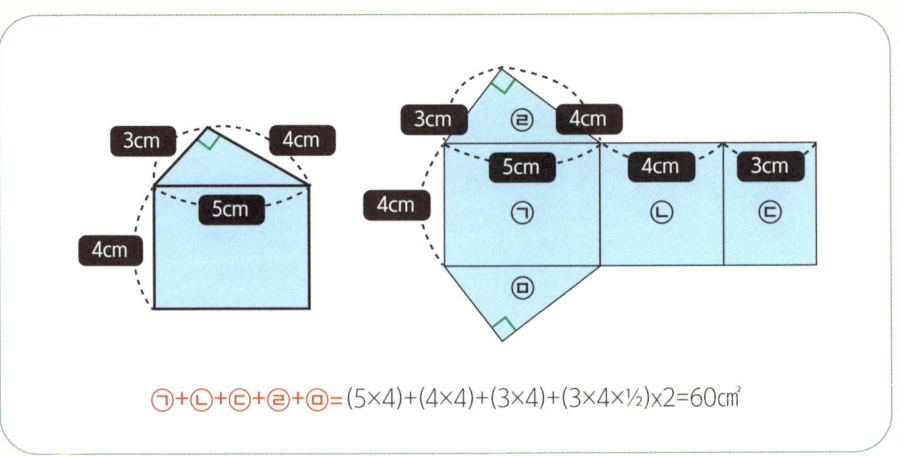

㉠+㉡+㉢+㉣+㉤=(5×4)+(4×4)+(3×4)+(3×4×½)×2=60㎠

원기둥의 겉넓이도 원리는 같아. 다만 밑면이 원이라는 차이점이 있을 뿐이지. 원의 넓이 공식 기억하지? **반지름×반지름×3.14(원주율)**였지. 원기둥의 밑면은 두 개이지만 옆면은 하나야. 즉, 원기둥을 펼쳐 보면 두 개의 밑면은 합동인 원이고, 옆면은 직사각형이야. 따라서 원기둥의 겉넓이도 윗면과 밑면의 원 두 개의 넓이와 옆면 사각형 넓이를 더하면 돼.

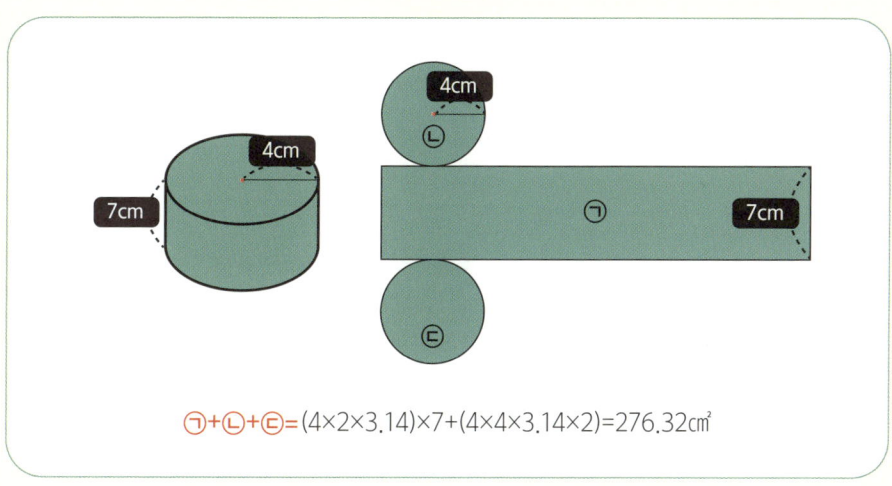

㉠+㉡+㉢=(4×2×3.14)×7+(4×4×3.14×2)=276.32 cm²

편의점 속 수학 돋보기

음료수 캔이 원기둥인 이유는?

　편의점에서 흔히 볼 수 있는 다양한 음료수병이나 보온병 등 액체를 담는 용기는 왜 대부분 원기둥 모양일까? 그 이유는 바로 수학 원리에서 찾아볼 수 있어. 기업에서 음료를 담는 병을 만들 때 적은 재료로 많은 양의 액체를 담을 수 있는 용기를 만들고 싶어 해. 그런데 다각형 중에서 가장 경제적인 모양이 바로 원기둥이야. 실제로 그런지 수학적으로 계산해 볼까? 윗면 면적이 100㎠, 높이가 10cm로 똑같은 정사각기둥, 정삼각기둥, 원기둥이 있다고 가정해 보자. 부피는 **밑넓이×높이**이므로 정사각기둥, 정삼각기둥, 원기둥은 모두 부피가 1,000㎤로 같아. 하지만 부피는 같더라도 도형에 따라 겉넓이가 달라. 세 기둥의 겉넓이는 정삼각기둥〉정사각기둥〉원기둥 순서로 크기 차이가 생겨. 즉, 같은 양의 액체를 담는 용기를 만든다고 할 때 원기둥 모양으로 만들 때가 가장 적은 재료가 들어간다는 뜻이지. 게다가 원기둥은 모서리가 뾰족한 다른 기둥에 비해 모서리가 둥글기 때문에 충격을 받아도 힘을 분산시켜서 모양이 잘 찌그러지지 않는 장점도 있어. 어때, 음료수병이 왜 원기둥 모양이 많은지 이제 알겠지?

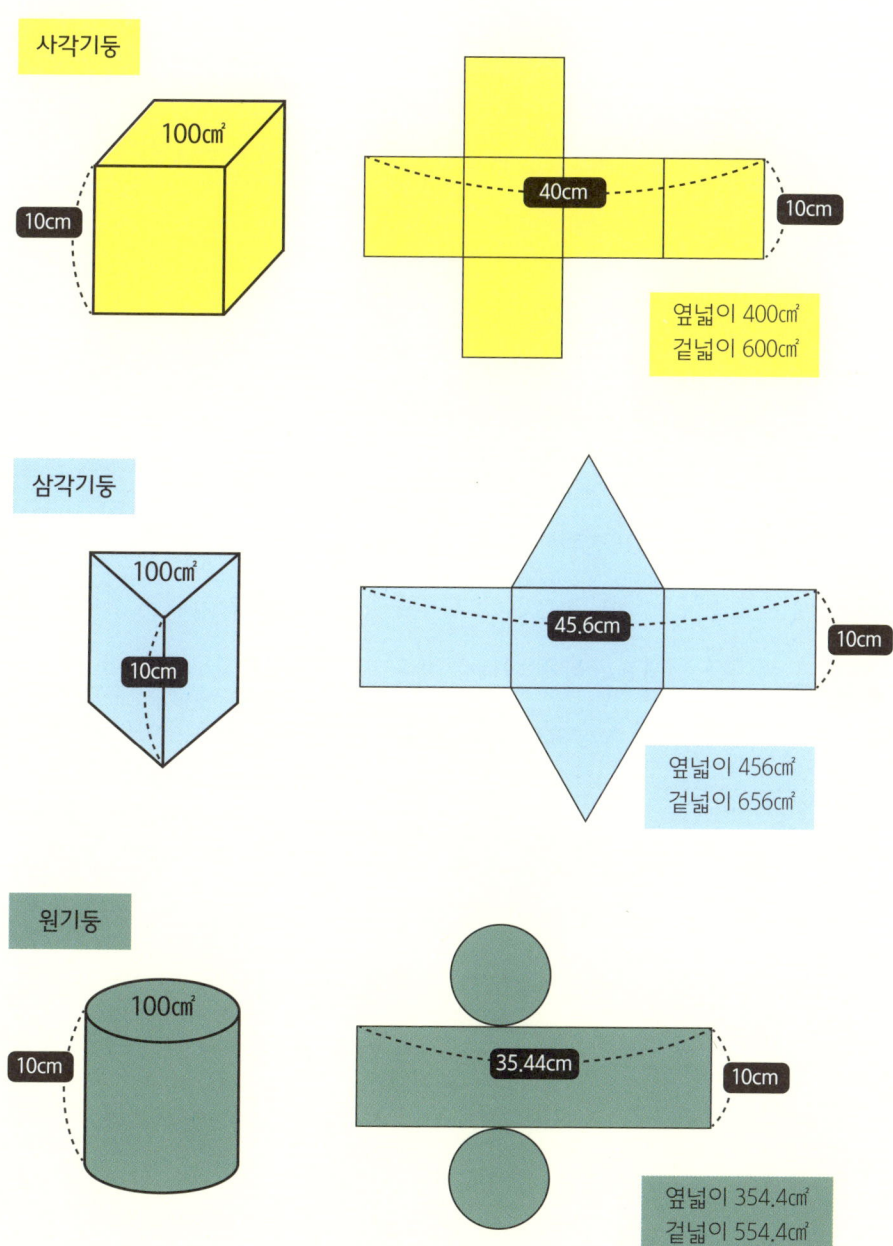

재미있는 수학 이야기

 **사람의 겉넓이도 구할 수 있을까?**

우리는 앞에서 여러 가지 도형의 겉넓이 구하는 방법을 배웠어. 그런데 사람의 겉넓이도 구할 수 있을까? 사실 사람의 겉넓이를 아는 것은 매우 중요한 일이야. 특히 몸의 겉넓이인 체표면적은 병원에서 매우 중요하게 쓰여. 체표면적에 따라서 약물의 흡수되는 속도가 다르기 때문에 체표면적을 알면 적절한 양의 약물을 쓸 수 있지. 게다가 몸집이 작은 아기들은 체표면적에 비례해 체온이 결정되기 때문에 몸의 겉넓이를 아는 것은 매우 중요하단다. 그렇다면 몸의 겉넓이는 어떻게 알 수 있을까?

독일의 예술가 팀 울리흔이라는 사람은 다음과 같은 방법으로 겉넓이를 구했어. 그는 작은 스티커(넓이가 1㎠인 정사각형) 수천 개로 자기 몸을 완전히 덮었어. 그런 다음 그 붙인 스티커를 모두 떼어 그래프 용지에 옮겼더니 18,360개의 스티커가 사용되었음을 알게 되었고 자기 몸의 겉넓이가 대략 18,360㎠가 된다고 결론지었지. 어때? 굉장히 번거롭겠지?

팀 울리흔 뿐만 아니라 많은 학자가 사람의 겉넓이 재는 방법을 연구했어. 키에 넓적다리 둘레를 곱한 값에 2를 곱하기, 모눈종이에 손바닥을 그리고 모눈 개수를 세어 손바닥 넓이를 구한 다음 그 넓이에 100을 곱하기, 양팔 길이나 키를 잰 후 그 길이를 두 번 곱한 값에 ⅗을 곱하는 등 다양한 방법이 있어. 이 중에서 가장 많이 사용되는 것은 **키 높이×넓적다리 둘레 길이×2**를 하는 방법이야. 어때? 이 방법을 이용해서 자신의 겉넓이를 직접 구해 보면 재밌겠지?

겉넓이의 TMI

정보 한 캔

왜 음식은 꼭꼭 씹어 먹어야 할까? 바로 소화가 잘 되도록 하기 위해서야. 음식을 꼭꼭 씹으면 겉넓이가 넓어지거든. 한 번 씹을 때마다 음식물이 반으로 쪼개어지고, 두 번 씹으면 네 조각이 돼. 이렇게 씹으면 씹을수록 쪼개진 조각 개수가 많아지고 전체 겉넓이의 합은 늘어나지. 겉넓이가 넓어질수록 영양소를 소화하는 효소와 많이 섞일 수 있어서 소화 속도가 빨라지게 되는 거야.

정보 두 캔

왜 추우면 몸을 웅크릴까? 곰이나 뱀, 다람쥐 같은 동물은 겨울잠을 잘 때 몸을 공처럼 말아서 웅크리고 자. 그 이유는 차가운 공기와 접촉하는 면을 줄이기 위해서야. 동그란 모양의 구는 모든 입체 도형 중에 겉넓이가 가장 작은 입체 도형이거든. 동물들은 열을 조금이라도 덜 뺏기기 위해서 최대한 몸을 동그랗게 말아서 웅크리고 잠을 자는 거야.

정보 세 캔

네모 얼음보다 동그란 얼음이 더 오래 간다고? 음료수 안의 얼음이 금방 녹아 버리면 물이 많아져서 음료수 맛이 싱거워져. 그래서 얼음은 최대한 천천히 녹으면 좋겠지? 그런데 같은 양의 얼음도 모양에 따라 녹는 속도가 달라. 가장 천천히 녹는 얼음 모양은 바로 동그란 얼음이야. 더운 공기가 얼음 표면에 많이 닿을수록 얼음이 빨리 녹기 때문에 얼음 표면의 겉넓이가 작으면 얼음이 천천히 녹겠지? 예를 들어 200㎖의 물로 얼음을 만든다면 네모난 정육면체 얼음의 겉넓이는 205.2㎠이고, 동그란 모양의 얼음 겉넓이는 164.5㎠이야. 따라서 겉넓이가 더 작은 동그란 얼음이 더 천천히 녹아서 오래 가지.

　보리와 쌀이는 편의점 문을 나서자마자 골목길을 달리기 시작했다. 뒤에서 번쩍하고 불빛 터지는 소리가 들렸지만 뒤도 돌아보지 않았다. 돌아본 순간 괴물이 다시 쫓아올 것 같았다.

　보리와 쌀이는 숨도 쉬지 않고 뛰어서 큰길로 나왔다. 편의점 밖 세상은 보리와 쌀이가 편의점에 들어가기 전 모습과 달라진 것 하나 없이 평화로웠다. 사람들은 바쁜 듯 종종걸음을 치며 지나다녔고, 헉헉대는 보리와 쌀이를 가끔 이상하다는 듯이 쳐다보았다.

"쌀이야, 괜찮아?"

"난 괜찮아. 누나는?"

"우리 게임 퀘스트 다 푼 거 맞겠지?"

"성공했으니까 이렇게 밖으로 나왔겠지."

"우리 다시는 저 편의점 가지 말자. 알았지?"

"어? 그런데 누나. 우리가 뛰어나왔던 골목길이 싹 없어졌어!"

"뭐야? 방금까지 있었잖아! 이렇게 숨차게 뛰어나왔는데 어떻게 골목길이 사라져!"

보리와 쌀이는 영문을 모른 채 얼굴을 마주 보았다. 보리가 급히 휴대 전화의 날짜와 시간을 확인했다. 보리와 쌀이가 편의점에 들어간 뒤로 겨우 30분 지났을 뿐이었다.

"뭐지? 어떻게 된 거야?"

"편의점에 거의 하루 넘게 갇혀 있었던 것 같은데. 그치, 누나?"

쌀이 말에 보리가 중얼거렸다.

"그러게. 뭔가 꿈을 꾼 것 같아."

"꿈이 아니야. 우리 둘 다 이렇게 똑똑히 기억하잖아! 어쨌든 다행이야. 누나가 수학을 잘해서 우리가 무사히 탈출할 수 있었어. 고마워 누나!"

"힘들었지만 그래도 다행이야. 수학 공부가 이렇게 쓸모가 있었네!"

보리가 밝게 웃자 쌀이가 휴대 전화를 흔들며 말했다.

"누나, 나 아직 쿠폰 남았는데 피곤하면 그냥 집에 갈까?"

"무슨 소리, 쿠폰은 써야지! 대신 이번에는 게임 말고 진짜 편의점으로 가자!"

1판 1쇄 발행일 2023년 10월 12일 1판 3쇄 발행일 2025년 8월 11일

글 정경원 그림 박우희
펴낸곳 (주)도서출판 북멘토 펴낸이 김태완
부대표 이은아 편집 김경란, 조정우 디자인 키꼬, 안상준 마케팅 강보람 경영기획 이재희
출판등록 제6-800호(2006. 6. 13.)
주소 03990 서울시 마포구 월드컵북로6길 69(연남동 567-11) IK빌딩 3층
전화 02-332-4885 팩스 02-6021-4885

🏠 bookmentorbooks.co.kr   ✉ bookmentorbooks@hanmail.net
📷 bookmentorbooks__   ⓑ blog.naver.com/bookmentorbook

ⓒ 정경원, 2023

ISBN 978-89-6319-529-2 (73410)

※ 잘못된 책은 바꾸어 드립니다.
※ 이 책은 저작권법에 따라 보호를 받는 저작물이므로 무단 전재와 무단 복제를 금합니다.
※ 이 책의 전부 또는 일부를 쓰려면 반드시 저작권자와 출판사의 허락을 받아야 합니다.
※ 책값은 뒤표지에 있습니다.

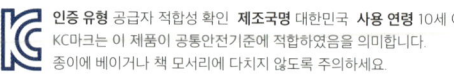